물속의 철학자들

물속의 철학자들

일상에 흘러넘치는 철학에 대하여

;

나가이 레이 지음 · 김영현 옮김

다다
서재

언제부터인지 기억나지 않지만, 세계를 잘 보고 싶었다.

폭넓게 보고 싶은 게 아니라 깊게 탐구하고 싶다는 욕구였다. 책상 위를 구르는 펜을, 닳고 닳은 진부한 말을, 마주 앉은 당신을, 이 사회의 구조를, 보고 싶었다.

자수용 실을 처음 만져봤던 날이 기억난다. 한 가닥 실인 줄 알았는데 몇 가닥으로 풀리길래 한순간 숨을 죽였다. 세계란 자수용 실 같아서 수많은 실들이 한데 모여 있는 곳이다. 실 한 가닥 한 가닥을 바라보면 제각각 아주 조금씩 색이 다르고, 그 실은 다시 여러 가닥으로 풀린다.

'보기'를 계속하다 보면 세계는 다시 보이지 않는다. 맨 처음 모습에서 너무 동떨어져 알 수 없는 것이 된다. 부옇게 흐려지거나 전혀 다른 것이 되어 손아귀에서 빠져나간다.

철학을 한다는 것은 세계를 잘 보는 것이다. 분명하게, 혹은 모호하게, 때로는 관점을 바꾸면서 조금씩 세계와 깊은 관계를 맺는 것이다.

흔들리고, 혼란스러워하고, 생각이 뒤엉키면서 이리 왔다 저리 간다. 그 감각은 아침에 눈을 떴을 때와 조금 비슷하다.

나는 아침에 좀처럼 눈을 뜨지 못한다. 눈꺼풀을 간신히 비집어 열면 조금씩 세계가 보인다. 천장의 우묵하게 들어간 부분, 벽지, 정체 모를 얼룩. 과거와 현재, 허구와 현실을 오가면서 천천히 이 세계에서 나 자신을 발견한다.

세계에 뿌리를 내린 채 세계를 보려면 어떻게 해야 할까? 종종 이런 의문이 든다.

'보기'란 세계를 액자에 넣어서 저기 높은 곳에 장식하는 것이며, 스스로를 세계와 분리한 다음 세계를 방관하는 것이기도 하다. 하지만 우리는 세계에 던져져서, 관계를 맺고, 영향을 미치며, 세계를 계속 새롭게 만들고 있기도 하다.

사람들과 나누는 대화는 앞선 의문을 탐구하는 방법 중 하나일지도 모른다. 이곳저곳으로 가서 질문을 던지고, 사람들과 함께 그 질문의 불가사의함에 전율하고, 함께 생각한다.

이 세계에는 수많은 타인이 있고 그들은 때로 나를 위협한다.

누군가가 나를 위험에 빠뜨리고, 나 역시 누군가를 위험하게 만든다.

그렇지만 타인과 함께 세계를 볼 수도 있다. 우리에게 찰싹 달라붙어 있는 무언가, 작지만 분명히 붙어 있는 무언가. 그것은 한숨이 되고, 중얼거림이 되고, 질문이 되어서 우리를 연결해준다. 질문은 세계로 들어가는 입구가 되고, 우리는 더욱더 세계와 관계를 맺을 수 있다.

질문은 위대하다. 연약하고 작은 나는 도저히 감당할 수 없을 만큼 견고하고 아름답다. 사람들의 입에서 나오는 질문은 제각각 다르다.

왜 사람은 태어날까? 어른이란 뭘까? 왜 남의 연인에게 마음이 갈까? 나쁜 걸 알면서도 끊지 못하는 이유는 뭘까? 질투는 나쁜 감정일까? 사회를 바꾸려면 어떡해야 할까? 용서는 필요할까? 이기적이지 않은 삶이 존재할까? 무無란 무엇일까? 왜 겨울에 아이스크림이 먹고 싶을까?

사람들과 질문을 마주하고, 생각한다. 철학은 이처럼 항상 우리의 삶과 함께해왔다. 누군가에게서 가져온 질문이 아니라 나 자신의 질문. 작고 절실한 부름.

그런 질문에 기초하여 세계에 뿌리 내린 채 세계를 바라보며 생각하는 것을 나는 손바닥 크기의 철학이라고 부른다. 그런 철학은 높은 하늘에서 내려다보며 세계를 세세하게 나눠 깔끔하게 정리하는 대人철학과는 다르다.

손바닥 크기의 철학은 아무래도 이해하기 어렵고 당장이라도 사라질 듯한 어떤 것이다. 애매하고, 파악하기 어렵고, 과거와 현재를 오가고, 구불구불한 의식의 흐름이 있는 그대로 복잡하게 생각에 반영된 듯한, 그리고 잠이 덜 깬 머리로 세계에 돌아오는 느낌 같은, 그런 철학이다.

이 책에는 그런 손바닥 크기의 철학이 쓰여 있다. 이 책 역시 자수용 실처럼 수많은 실들이 한데 모여 이뤄졌다. 풀린 부분이 있는가 하면, 엉킨 부분도 있을 것이다. 그런 것을 그냥 그대로 쓰고 말았다.

최근 기운이 없다고 했더니 친구가 손바닥에 햇볕을 쬐면 좋다고 알려주었다. 거리를 걷다가 손바닥을 위로 들어서 가만히 있어보았다. 꽤 귀찮은 일이구나 싶었다. 손바닥이란 대체로 아래를 향하고 있기 때문이다. 이상한 사람으로 보이면 어쩌나 하는 생각만 들었다. 쭈뼛쭈뼛 태양을 향한 손바닥은 작고 믿음직스럽지 않아 보였다.

그래도 여기서부터 생각해보고 싶다. 바로 여기에서 철학이 시작된다고 나는 믿기 때문이다.

차례

1

물 속 의 철 학 자 들

1

물
속
의
철
학
자
들

;

조금만
더 하면

인터넷으로 주문한 제품의 상자 속에는 반들반들한 종이가 접혀서 들어 있었다. 조용히 펼쳐보니 제품 설명이 쓰여 있었는데, 제일 먼저 이런 문장이 나왔다.

폐사弊社의 제품을 선택하시러 와주셔서, 어서 오세요. 환영합니다.

엉망진창이었다. "폐사"처럼 어려운 단어를 썼으면서 "제품을 선택하시러 와주셔서"라니, 존댓말이 서투른 아이가 쓸 법한 문장이었다. "어서 오세요. 환영합니다."에 이르러서는 고객의 허를 찌르고 말겠다는 의지까지 느껴졌다.

그렇지만 그다음부터는 시치미를 뚝 떼고 질서 정연한 문장이 이어졌다. 이 제품은 이런 물건입니다. 무언가 문제가 있다면 이쪽으로 문의해주십시오.

여기저기 이상한 존댓말이 있었지만 문장은 나를 태우고 부드럽게 흘러갔다. 하지만 끝에 가까워지자 다시금 문장이 덜컥덜컥 흔들리며 좌충우돌하다 다음과 같은 말이 나왔다.

배려를 해주신다면 이 세계의 아름다움을 더욱 믿겠습니다.

앞으로도 폐사의 제품을 사용해주신다면 감사하겠습니다, 이런 문장을 쓰고 싶었던 것일까. 아니면 전혀 다른 의도였을까. 영문을 알 수 없는 문장이었다.

나는 생각했다. 이토록 엉망진창에, 바보 같고, 아름다울 수 있을까.

세계는 얼핏 보면 정직한 듯하지만, 실은 꽤 능청스럽다.

사람은 태어나지만, 죽습니다. 지구라는 것이 있는데, 빙글빙글 회전하고 있습니다. 나는 생각하지만, 그것을 타인에게 완전히 전할 수는 없습니다.

이런저런 수단으로 합리화할 수 있을지 몰라도 곰곰이 생각해보면 세계에는 영문 모를 일이 가득하다.

예를 들어서 물. 고등학생 시절 목욕을 하다가 돌연 의문이 들었다. 이게 뭐지? 손으로 물을 떠봤다. 기묘했다. 뭔가 엉터리였다. 손에서 물이 줄줄 새어 나갔다. 의미를 알 수 없었다. 멍하니 손을 바라봤다. 잠깐만. 손이란 건 뭐지? 왜 이런 모양이지? 무슨 의도가 있을까? 익숙했던 모든 것이 맥없이 구부러지기 시작했다. 이러다 세계가 무너져버릴 거야. 잠깐만. 눈앞에 펼쳐진 모든 것, 세계란 뭐지? 왜 있는 거지? '있다'는 건 뭐지? 대답해줘, 세계.

세계는 나를 외면한 채 태연한 얼굴로 능청을 떨었다.

겁에 질린 나는 이 기묘한 세계의 '정체'가 쓰여 있다는 철학서를 펼쳐 보았다. 철학책이라면 분명히 엉망진창인 세계에 한 방 먹여줄 거야. 일단 사르트르라는 철학자의 『존재와 무』*라는 책을 펼쳤다.

여러 현상의 존재가아아, 하나아아의 존재 혀어어언사아아앙
으로 해해해소되되지되지 않는 것이라아아면, 또 그럼에도 우리

---

* 정소성 옮김. 동서문화사 2009.

가 이 존재혀어어언사아아상에 의지의지의지하지, 않고는 존
재에 대해 아아아무것도 마아아아알하아아알 수 없다면(…)

책을 덮었다. 뇌가 폭발해버릴 것 같았다.

나는 폭발이 두려워서 철학책에 거의 손을 대지 않은 채 철
학과로 진학했다.

대학교에서는 어학을 배우거나 철학사를 공부하거나 분발
해서 철학책을 읽었다. 그러던 어느 날, 선배가 '철학 대화'라는
것을 하는 모임에 나를 데려갔다.

철학 대화*란 간단히 말해서 철학적 주제에 대해 다른 사람
들과 함께 곰곰이 생각하고 서로 의견을 나누는 것이다. 평소
당연하다고 여기던 것에 새삼 의문을 품고 차근차근 생각해서
이야기해보기도 하고, 다른 사람의 생각을 듣고 깜짝하고 깨닫
기도 한다. 사람과 단체에 따라 여러 방식이 있지만, 선배에게
끌려간 이후 지금에 이르기까지 나는 철학 대화 활동을 계속하
고 있다.

철학 대화는 장소에 구애받지 않는다. 초등학교, 미술관, 사

---

* 미국의 철학자 매튜 리프먼(Matthew Lipman)이 1970년대에 개발한
'어린이 철학(Philosophy for Children, P4C)'에서 비롯된 대화 방법. 오
늘날에는 전 세계 여러 나라에서 실시하고 있다.

찰, 주민회관, 길거리, 회사, 카페 등에서 바로 할 수 있다. 참가도 누구나 할 수 있다. 딱히 지식도 필요 없다. 자신의 생각을 자신의 말로 솔직히 이야기하면 된다. 타인의 생각을 무시하는 사람은 한 명도 없다. 그렇다고 자기 말만 하는 자리는 아니다. 다른 사람의 생각이 나와 다르다면, 왜 다른지, 어떤 점이 다른지, 정말로 다른지, 생각한다. 저 사람은 저런 주장을 하는데, 어떤 전제에서 비롯된 것일까 생각한다. 생각하고 생각하다 보면 어느새 대화 시간이 끝난다.

무언가를 깊게 생각하는 것을 종종 물속 깊이 잠수하는 것에 비유한다. 철학 대화는 다른 사람과 같이 생각을 하니 다 함께 잠수하는 셈이다. 철학 대화에 거듭해서 참가한 나는 어느 사이에 촉진자facilitator*를 맡게 되었다. 촉진자라고 해서 나만 육지에 남아 있지는 않는다. 나 역시 모두와 함께 잠수하고, 생각한다.

철학 대화에는 논리 정연하게 자신의 생각을 이야기하는 사람도 많이 참가한다. 대화를 마친 다음 작성하는 설문지에 오늘은 명확한 결론을 잘 이끌어냈다고 감상을 쓰는 사람도 있다.

* 회의나 교육 등이 원활히 진행되도록 돕는 사람. 원서에서는 '퍼실리테이터'라고 표기했다.

대단한 일이다. 하지만 나는 대화하는 사람들이 머뭇거릴 때, 말문이 막힐 때, 말이 안 되는 말을 할 때, 희한한 논리를 펼칠 때, 그들을 이해하기 어려울 때, 그런 순간에 마음이 끌린다.

언젠가 '약속을 지키지 않으면 안 될까?'라는 주제로 철학 대화를 한 적이 있다. 그때 한 여자 고등학생은 오랜 시간을 들여 물속에서 허우적거리듯이 말을 쥐어짰다. "저기, 타인이라는 것은, 그 사람이 매우… 아니다… 타인은, 타인은, 타인이니까 존중해야 한다고 할까요, 존중하고 싶어요… 맞다, 하지만 존중하는 건 타인이기 때문이에요." 우물우물 말을 되풀이했고, 멀리 에둘러 이야기했다. 상관없는 것 같은 말을 했다가 "아, 역시 아니에요. 죄송합니다."라며 미간을 찌푸렸다. 그 학생은 그렇게 계속 말했다. "타인은, 타인이니까, 타인이니까 존중해야 해요."

다른 사람들은 고개를 앞으로 내밀고 귀를 기울였다. 음? 무슨 뜻이야? 한 번 더 말해줘. 뭐지? 무슨 의미지? 그 학생과 함께 생각하려 했다.

그 모습을 보고 나는 문득 생각했다. 오래전 읽었던 영문 모를 철학책을. 그 학생은 영문 모를 세계를 모르는 채로 전할 수밖에 없었던 것 아닐까.

그래서 나는 사랑한다. 분투한 결과 이해하기 어려워진 말도. 의도를 전혀 알 수 없게 된 말도. 그런 말들이 영문 모를 이 이상한 세계를 있는 그대로 순수하게 보여주는 것 같기 때문이다. 그 고등학생의 몸과 말은 유리보다도 투명해서 세계를 있는 그 대로 보여주었다. 말은 세계 그 자체인 것이다.

한편 철학 대화 도중 '조금만 더 하면 알 것 같다.'라는 예감 에 사로잡힐 때가 있다. '안다는 것'은 '최적의 해설'처럼 잠정 적인 것도, '공동 합의'처럼 그 자리만의 결론도 아니다. 훨씬 보편적이고, 아름다우며, 압도적인 무언가다. 그 지점에 도달하 는 경우는 없다. 그저 그런 예감이 들 뿐.

그럼에도 불구하고 그 예감은 무척 감미롭고 결정적이다.

초등학교에서 '꿈과 현실의 차이는 무엇일까?'라는 주제로 철학 대화를 했다. 아이들은 순식간에 깊이 잠수해서 이렇다 저 렇다 의견을 나눴다. 뭔가 답이 나올 것 같았지만 누군가가 "아 니, 이렇지 않아?"라고 제동을 걸거나 "그런데 그건 왜 그런 거 야?"라며 재검토를 요구했다. 나 또한 호흡을 잊을 만큼 대화에 빠져들었다. 새로운 생각이 등장했다가 뒤집혔지만, 분명히 무 언가 진행되고 있었다. 앞으로 나아가고 있었다. 하지만 마칠 시간이 되었다.

"자, 인사를 드려야죠." 담임 선생님이 아이들에게 말했다. 아 이들은 내게 간청했다.

기다려요! 조금만 더 하면 알 것 같은데! 끝내지 마요! 제발요!

세계의 정체는 그들의 코앞까지 다가와 있었다. 하지만 음악 수업 역시 코앞이었다. 나는 씁쓸하게 웃으며 아직도 깊이 잠수해 있는 몇 명을 간신히 육지로 끌어 올렸다. 내일 또 와요. 한 여자아이가 그렇게 말하며 작은 손가락을 내 새끼손가락에 걸고는 음악실로 뛰어갔다.

내 수업은 한 차례뿐이라서 더 이상 그들과 만날 수 없었다.

'조금만 더 하면 알 것 같다.' 이 느낌은 '조금만 더 하면 생각날 것 같다.'와 비슷하다. 예컨대 누군가의 이름을 생각해낼 때. 누군가를 가리키는 정보를 이쪽으로 끌어당길 수 있지만 결국 그 정보는 사방으로 흩어진다. 이런저런 광경이 흐릿해서 잘 보이지 않는다. 그래서일까. 생각해내려 하는 사람은 근시인 사람이 눈을 가늘게 뜨고 먼 곳을 보듯이 미간에 주름을 잡는다.

좀처럼 생각나지 않는 것은 꽤나 애타는 경험이다. 하지만 생각해내야 하는 대상은 분명히 이 세상에 존재한다. 그 사실만이 기억 속에서 허우적대는 나를 북돋아준다.

'무언가'를 생각해내려 할 때, 사람은 애타는 고통에 얼굴을 찡그리지만, 그와 동시에 '무언가'가 소중하다고 느낀다. 한때 내 속에 있었고, 내 것이었던 '무언가'. 어쩌다 보니 어딘가로 날아가버렸지만, 나는 확실히 그 '무언가'를 소유하고 있었다. 하지만 이제 나는 '무언가'의 흔적조차 볼 수 없다.

그 대신 나는 그 '무언가'에 터무니없는 그리움을 느낀다. 한때 내가 소유했던 '무언가', 그리고 그 '무언가'를 잃어버린 깊은 슬픔.

탐구란, 생각해내는 것과 비슷하다.

실은 비슷한 생각을 한 철학자가 있다.

고대 그리스의 철학자 플라톤이다. 윤리 수업을 받아본 적 있는 사람은 '상기설想起說(아남네시스)'*이라는 말을 기억할지 모르겠다. 아남네시스anamnesis. 고대 그리스어다. 일단 이 단어를 상기하는 것부터 어렵다.

얼마 전에도 선배 연구자가 "상기설이 그리스어로 뭐였지?"라고 물었는데 나는 "엠네스티예요."라고 답해버렸다. 엠네스티는 인권 문제를 다루는 NGO인데 말이다. 그런데 선배는 "그랬지, 참."이라고 대답했다. 다들 대충 하는 것이다.

플라톤의 철학을 읽어보면 알 텐데, 상기설은 꽤 드라마틱하

---

* 플라톤의 진리 인식에 대한 학설. 진리의 인식이란 영혼이 신체와 결합하기 이전에 직관했던 이데아를 상기하는 것에 지나지 않는다는 이론이다.

다. 이론도 견고해서 보는 이를 두근거리게 한다. 하지만 지금 내가 말하는 것은 그보다 감상적인 것이다.

꼄새, 그렇다, 뭔가 생각날 것 같다, 아주 오래전 나는 '그것'을 알고 있었다, 이런 감각. '그것'이 분명히 존재한다는 예감. 그리고 그것이 현재 내 손에 없어서 느끼는 상실감과 고통. 이거구나 하며 꽉 붙잡았지만 나중에 틀렸다는 사실을 알고 느끼는 실망, 창피, 우스움.

그것은 머리 위 아득히 머나먼 어딘가에 있는 것이 아니라 내 깊디깊은 영혼의 밑바닥에 외롭게 뚝 떨어져 있는지도 모른다.

집에 돌아와서는 아이들과 대화했던 '꿈과 현실의 차이'에 대해 생각했다. 철학책을 참고할 수 있을 것 같아 책장에서 꺼냈다. 역시 어렵다. 노력해서 의미를 읽어내고 나와 다른 사람이 말했던 생각에 부딪혀보았다. 미간에 주름을 잡고 생각 속으로 잠수했다.

누군가의 의견과 내 생각이 제대로 섞이지 못하고 지지부진하게 서로 싸웠다. 한쪽이 쓰러지든지 화해해서 끌어안으면 좋겠는데. 그런 생각을 하는 와중에 새로운 철학자가 등장해서 싸움에 끼어들려 했다. 더 이상 참가자가 늘어나면 안 되는데. 난장판이야.

그 모습을 왠지 어머니가 보고 있었다.

그리운 젊은 시절의 어머니. 내가 유치원생 때 좋아했던 베이지 셔츠를 입고 웃고 있었다. 누구를 응원하는 걸까.

번뜩 정신을 차렸는데, 옆방에 어머니가 있는 것 같았다. 멍한 머리로 방문을 열었지만, 닦지 않은 식기가 그대로 있는 좁은 방이 보일 뿐이었다. 어머니는 없었다. 그리움만이 영혼으로 가라앉았다.

해가 많이 기울어서 방 안에는 푸르스름한 공기가 가득했다. 마치 물속 같아.

나는 말했다. 이렇게 아름다울 수가.

;

날아오르다

분명히 중학생 때였다. 우리는 차가운 체육관 바닥에 앉아 있었다. 선생님이 우리 앞의 뜀틀을 손가락으로 가리키며 "나가이, 시범을 보여라."라고 했다. 바른 자세로 맨 앞에 앉아 있던 나는 사뿐하게 일어나서 뜀틀을 넘을 준비를 했다.

모두가 지켜보는 가운데, 나는 기이하게 팔을 흔들며 앞으로 고꾸라질 듯이 달렸다. 이윽고 몸과 팔을 동시에 앞으로 내밀어 손으로 뜀틀을 짚었다. 오른 다리가 뜀틀과 세게 부딪쳤고 나는 뒤집히듯이 매트에 처박혔다. 딱히 문제는 없었다. 내 방식대로 도약했을 뿐이니까.

한순간 체육관이 고요해졌다.

"괜찮냐?" 선생님이 겨우 입을 열었다.

나는 매트에 드러누운 채 높디높은 체육관 천장을 멀거니 올려다보며 생각했다. 내가 뜀틀을 실패한 것이 아니다. 선생님이 인선에 실패한 것이다.

나는 대화가 무서웠다.

사람 앞에서 이야기하는 것. 타인, 때로는 전혀 모르는 사람의 의견에 귀를 기울이는 것. 타인이 내게 질문하는 것. 타인과 함께 생각하는 것. 타인을 상처 입히지 않을까 걱정하면서 이야기하는 것. 타인이 나를 아프게 하지 않을까 겁내면서 듣는 것.

대학교에 입학해서 1학년부터 세미나에 참가해야 한다는 말을 듣고 생각했다. '맙소사.' 플라톤의 『소크라테스의 변명』과 아우구스티누스의 『고백록』과 칸트의 『계몽이란 무엇인가』가 세미나에서 논할 문헌으로 선정되었다. 전부 어려웠다. 수업이 시작되면 좁은 방 안이 동년배 학생들로 가득 찼다. 그들은 식당에서 주문하듯이 가볍게 쑥쑥 손을 들었다. 누군가의 의견에 다른 누군가가 호응하면, 저쪽에서는 누군가가 반론했다. 불쑥 웃음이 터지기도 했다. 누군가 유머러스한 일화를 섞어서 의견을 말한 것이다. 교수님이 기뻐하며 미소를 지었다. 모두 웃고, 생각하고, 대화했다. 하루하루가 지나고 시간이 흘러갔다. 나만 항상 긴장해 있었다. 결국 1년 동안 단 한 마디도 할 수 없었다.

세미나뿐 아니라 연구 모임에서도, 다른 수업에서도 마찬가지였다. 중고등학생 시절 내가 가장 싫어한 시간은 수학도, 영어도, 체육도 아니고, 학급회의였다. 나는 항상 바위처럼 묵묵부답하며 이 세상에서 스스로를 지웠다. 선생님들은 종종 과묵한 녀석일수록 생각이 많다고 말하지만, 나는 1밀리미터도 사고를 진척시키지 않고 돌보다도 더 돌처럼 앉아 있었다.

대화가 무서워서 조용히 지냈던 학창 시절에서 몇 년이 지났고, 어느새 사람 앞에서 말할 일이 늘어났다. 어쩌다 보니, 나는 철학적 대화가 이뤄지는 자리를 마련하는 사람이 되었다.

오늘도 초등학교에 가서 철학 대화를 했다. 먼저 아이들에게 둥글게 앉아달라고 했다. 커다랗고 둥근 원을 그리며 앉으면 서로서로 얼굴을 볼 수 있다. 누군가 이야기할 때 우리는 그 사람의 얼굴을 가만히 바라보았다. 때로 "그건 아냐." 하며 부정하는 의견이 나왔다. 누군가가 다른 사람의 마음에 상처를 입히는 말을 했다. 그 말에 한 아이가 얼굴을 찡그리며 싫어했다. 그 아이는 수업이 세 번 진행되도록 한 마디도 하지 않은 채 고개를 숙이고 있었다. 누군가가 최선을 다해 자아낸 말이 아무에게도 받아들여지지 않고 바닥에 툭 떨어졌다. 대화란, 대화란, 어쩌면 예전과 변함없이 이토록 어렵단 말인가.

고개를 드니 교실 뒤쪽의 사물함 위에 아이들이 커다랗게 글자를 적은 종이가 붙어 있었다.

친구 친구 친구 친구 친구 친구 친구 친구 친구 친구 친구
친구 친구 친구 친구 친구 친구 친구 친구 친구 친구 친구

눈이 부셨다. 친구란 무엇일까. 저 아이들은 친구일까. 나도 친구일까. 나는 여전히, 대화가 무섭다.

"사람과 함께 생각하는 일을 하고 있어." 10대 시절의 내게 이렇게 이야기하면 질색하는 표정으로 '왜 하필 그런 일을.'이라고 할까.

대학원생 시절, 학회 준비를 위해 수업 시간에 논문을 발표했다. 사르트르의 타자론에 기초한 윤리학 논문이었는데, 윤리적 커뮤니케이션의 일종으로 '부름'이라는 개념을 제안했다.

사르트르에 따르면 부름은 강제하는 것도 간청하는 것도 아니다. 어떤 구체적인 상황에서 자신의 자유를 지니고 타인의 자유를 부르는 것이다. 사르트르는 부름이 주로 문학, 즉 작가와 독자 사이에서 일어난다고 말했다. 그는 버스에 탄 승객이 버스

를 잡으려고 뛰어오는 남자에게 손을 내밀어서 끌어 올려준 사례를 언급했다.

버스를 쫓아 달려가는 남자는 승객이 자신에게 손을 내밀어주길 바라고 있다. 남자가 승객을 부른 것은 맞지만, 승객은 자유롭게 거절할 수도 있다. 승객 역시 마찬가지다. 승객은 남자에게 손을 내밀었지만, 남자가 손을 잡지 않을 가능성을 알고 부른 것이다. 서로의 자유를 전제로 이뤄진 부름에 의해 두 사람은 손을 맞잡았고 남자는 버스에 올라탈 수 있었다.

사실 잘 이해되지 않는 사례지만, 어쨌든 나는 사르트르의 '부름'에 관한 메모를 정리하여 밑바탕으로 삼고 '승인'과 '커뮤니케이션'에 관한 윤리학 논문을 썼다.

논문 발표를 마친 뒤, 눈앞에 앉아 있는 교수가 근엄한 표정을 짓고 있는 걸 깨달았다. 어설픈 논문과 발표를 신랄하게 꾸짖는 교수였기 때문에 나는 침을 꿀꺽 삼켰다. 확실히 결론으로 향하는 제3장의 논리 구성이 좀 불안정해. 승인론에 대한 선행 연구도 부족한지 몰라. 헤겔도 언급하는 게 나았을까.

교수가 "저기, 나가이."라고 입을 열었다. 나직한 목소리였다.

"그 버스 사례는 위험하잖아."

"네?" 나도 모르게 말했다. 윤리적으로 위험하다는 뜻인가요. 내가 이렇게 묻기 전에 교수가 이어서 말했다. "달리는 버스에 올라타는 건 위험해." 아, 그거였구나. 뜻밖의 반응에 "프랑스의 버스라서요…."라며 말 같지도 않은 핑계를 댔다. 프랑스든 도쿄든 위험한 건 똑같을 텐데. 어쨌든 학회가 코앞이었고, 사르트르 본인이 언급한 단순한 사례였기 때문에 굳이 고치지 않고 그대로 발표했다.

몇 년 뒤, 한 선배와 오랜만에 재회했다. 선배는 "전에 학회에서 발표하는 거 들었어."라고 말해주었다. 그 선배는 나와 연구 영역이 비슷했기에 "어땠어요?"라고 물어보자 이렇게 답했다.

"잘 기억은 안 나는데, 버스 얘기는 좀 위험하다고 생각했어."

이 사람들이 진짜.

버스는 그저 사례일 뿐, 논문의 주안점은 그게 아니었다. 내 발표는 버스에 올라타는 별 상관도 없는 사례 때문에 제대로 전해지지 않았다. 버스 말고 다른 걸 기억해달라고. 버스는 잊어버리고.

당시에는 위험하게 버스를 타는 행위에 관심이 쏠린 걸 알고 허탈해서 웃었지만, 지금 돌이켜보면 사르트르의 사례는 그런 위험성까지 포함해서 타인과 하는 커뮤니케이션을 정확히 설명하는 것 같다.

대화란 무서운 행위다. 타인에게 무언가 전하는 것은 저기 멀리 있는 상대를 향해 힘차게 뛰는 것과 마찬가지다. 충분히 도움닫기를 하고 힘껏 뛰어도 상대에게는 닿지 않는다. 당신과 나 사이에는 넓고 깊은 계곡이 있다. 그래서 타인에게 무언가 전하는 행위는 항상 위험성을 동반한다. 도약에 실패하는 건 그대로 고꾸라지는 걸 의미한다. 그 말은 반대로 애초에 타인에게 무언가 전하려 하지 않으면, 딱딱한 지면에 부딪칠 일도 없다는 걸 뜻한다. 마음먹고 상대방에게 손을 내밀었건만, 실수로 넘어뜨려서 다치게 할 수도 있다.

버스를 향해 달리는 내게 누군가 손을 내밀어주긴 할까. 누군가 나를 눈치채줄까. 타인에게 무언가 전하려 하면, 오해를 사고, 무시당하고, 때로는 상대를 다치게 할 수도 있는데. 하지만 사르트르가 말했듯이 부름은 결코 강제여서는 안 된다. 많은 위험성을 감수하고 상대의 자유를 존중하며 불러야만 한다.

내 부름이 완전하게 상대방에게 전해지고, 상대의 부름 역시 내게 완전히 닿는 것은, 원리적으로 불가능하다.

타인과 서로 이해하는 것은 불가능해요, 타인에게 무언가를 전달하기란 불가능해요. 이런 감각은 오늘날 널리 공유되는 것 같다. 서로 이해할 수 없으니까 재미있다, 혹은 타인이란 이질적이기에 창조적인 것이 생겨난다, 하는 말도 주위에서 많이 듣는다. 그 말대로다. 맞는 말이다. 정말로 완벽하게 동의한다. 하지만 나는 굳이 이렇게 말하고 싶다.

그럼에도 불구하고 나는, 당신과 서로 완전히 이해할 수 없다는 사실에 절망한다.

얼마 전 사회인을 대상으로 '자유란 무엇인가.'를 주제 삼아 철학 대화를 했다. 누군가 이렇게 말했다. "우리는 할 수 있는 일을 하지 못할 때 부자유를 느껴요. 하늘을 날지 못한다고 부자유를 느끼지는 않잖아요. 애초에 할 수 없는 것을 우리는 부자유라며 한탄하지 않아요."

그럴 법하다고 생각했다. 그러니 타인과 서로 이해하지 못하는 데 절망하는 나는 이해가 가능하다고 생각하는 것일지도 모르겠다. 하지만 타인과 완전히 통하는 것은 뛰어오르는 정도가 아니라 아예 날아오르는 것이나 마찬가지다. 크게 도약하는 것을 넘어서 하늘 높이 비약하는 것이다. 하늘로 날아오르려 하는 나는 뜀틀을 넘지 못했던 중학생 시절처럼 다른 사람들 앞에서 무참하게 추락할 것이다. 차가운 체육관 바닥에 드러누워서 높은 천장을 멀거니 올려다보겠지.

그렇지만 설령 그렇게 된다 해도 서로 이해하려고 하는 노력을 계속하고 싶다고, 나는 바란다. 완전히 통하지 않아도 된다. 서로를 이해하는 것은 목표가 아니다. 서로를 이해하는 것이 아니라 이해하려고 하는 것. 함께 하늘을 나는 꿈을 꾸는 것. 그것으로 충분하다.

신뢰하는 사람이라면 몰라도 전혀 모르는 사람을 향해 날아오르는 것은 정말 무서운 일이다. 무방비에, 무모하고, 어리석은 행위다. 그 때문에 대화는 언제나 무서운 것일 수밖에 없다.

예전에 어떤 철학 대화를 하다 한 남성이 "대화가 물러터졌어."라고 한 적이 있었다. 그 남성은 "이렇게 미적지근한 건 그만두고, 서로 더 의견을 부딪치면서 승패를 가려야 해. 더 싸움이 붙을 만한 이야기를 해야 해."라고 했다.

무르다. 그렇게 말한 남성은 대화란 간단한 것이라고 생각했는지도 모르겠다. 친구와 함께, 모두 사이좋게 하는 것. 그날의 철학 대화가 그렇게 들렸는지도 모르겠다. 하지만 사실 대화란 무지막지하게 어렵고, 때로는 괴로운 것이라고 나는 생각한다. 그리고 철학 대화에서는 좋든 싫든 대화의 어려움과 직면해야 한다. 사람과 함께 생각하는 것, 내 생각을 전달하는 것, 타인의 생각을 듣는 것. 너무 어려워 현기증이 일어도 계속해야 한다.

승패를 정하기란 간단하다. 이쪽이 알기 쉬워요, 논리적이야,

재미있어, 목소리가 커, 등등. 서로 상처 입히는 걸 감수하고 싸우기란 더욱 쉽다. 정말로 간단하다.

남성은 한숨을 쉬면서 "나는 사람과 함께 생각하는 것 따위는 좋아하지 않아."라고 했다.

나는 고개를 끄덕이며 중얼거렸다. "그래서 하는 거예요."

일주일이 지나고 외부 강사로 다니는 초등학교에 가는 날이 되었다. 그날의 주제는 아이들이 하고 싶다고 했던 '말은 왜 서로 다른가.'였다. 허둥지둥 준비하는데, 아이들이 "빨리빨리!" 하며 보챘다. 그들은 이미 커다란 원을 그리고 앉아 있었다.

빈 의자에 앉아서 보니 사물함 위에 붙어 있던 '친구'라는 글자가 전부 바뀌어 있었다. '날아오르다'라는 글자가 가득했다.

날아오르다 날아오르다 날아오르다 날아오르다 날아오르다
날아오르다 날아오르다 날아오르다 날아오르다 날아오르다
날아오르다 날아오르다 날아오르다 날아오르다 날아오르다

빨리 해요. 아이들은 급했다. 이미 몇 명은 손을 들고 있었다. 철학 대화가 시작되는 순간이다.

그들은 이미 날고 있다. 나도 날아오르자.

;

쨍그랑

생각을 하고 있으면, 이런저런 소리가 들려온다. 철컹철컹철컹, 생각이 조립되는 소리. 우와아아앙, 끝없는 질문을 앞에 두고 심연이 우는 소리. 치직치직치직, 머릿속에서 불꽃이 튀듯 생각이 가속하는 소리.

다른 사람과 함께 생각할 때는 더욱 많은 소리가 난다. 부글부글부글, 함께 생각의 바다 깊숙이 잠수하는 소리. 휙, 누군가의 날카로운 의견이 화살이 되어 바람을 가르는 소리.

특히 자주 들리는 소리는 쨍그랑, 무언가 부서지는 소리다. 섬세한 유리가 깨지는 소리는 아니고, 무거운 도자기가 부서지는 듯한 소리다.

누군가가 자신의 생각을 이야기한다. 쨍그랑, 소리가 난다. 무슨 소리일까. 신기하다. 다른 사람이 생각을 이야기하기 시작한다. 또다시 쨍그랑, 소리가 난다. 뒤를 돌아보지만, 딱히 무언가가 떨어지지는 않았다. 내 머릿속에서만 울리는 소리인 것이다. 눈앞의 사람이 "나가이 씨, 아까 왜 그렇게 얘기했어요?"라고 급작스레 질문을 던진다. 조마조마하지만, 간신히 앞서 내가 말한 생각에 대해 설명한다. 눈앞의 사람은 고개를 끄덕인 다음 "질문이 더 있는데요."라고 내게 말한다. 쨍그랑, 소리가 난다.

사람들이 모여서 철학하는 시간을 가질 때면, 대화의 규칙부터 정하는 경우가 많다. 곧장 그날의 주제를 이야기해도 상관없지만, 우리는 여럿이 함께 이야기하는 것이 서툰 사람들이다. 생각은 잘해도, 적절히 타인에게 이야기하거나 타인의 이야기를 듣는 것은 정말로 서투르다. 생각끼리 싸움을 붙여서 가장 강한 걸 정하기를 좋아하지, 다른 사람들과 협력해서 의견을 만드는 것은 정말 서툴다. 그래서 나는 규칙부터 정하고 대화를 시작한다.

내가 방향을 정해주거나 제약을 거는 것은 아니다. 그보다는 우리가 평소에 얼마나 소통을 못하고 있는지 상기하게 하는, 일종의 자기 돌봄self care을 촉진하는 것이다.

내가 자주 쓰는 규칙은 '잘 듣기' '자신의 말로 이야기하기' '결국 사람마다 다르다고 결론 내리지 않기'다. 장소와 상황에 따라 '이유를 들어 이야기하기' '변하는 것을 겁내지 않기' '천천히 생각하기' 같은 규칙을 더할 때도 있다.

한 초등학교에서 '죽으면 어떻게 될까?'를 주제로 철학 대화를 했다. 그들은 환생에 대한 것부터 논의하기 시작해서 다시 태어났다고 하려면 어떤 조건을 갖춰야 하는지 서로 의견을 말했다.

'듣다'란 무척 편리한 말이다. 상대방이 무슨 이야기를 하는지 가만히 '귀담아듣다'라는 의미도 있고, 무엇을 말하는 것인지 '물어보다'라는 의미도, 그리고 상대가 누구든 '귀를 기울이다'라는 의미도 있다. '말하기'보다 '듣기'에 집중하면 다른 사람의 말이 내 속으로 곧장 스르르 들어온다. 내 내면의 깊은 바닥까지 순식간에 들어와 내 실존實存을 스릴 넘치게 위협한다.

아이들은 살아간다는 것은 무엇인지, 사람은 어떻게 살아가야 하는지에 대해서도 언급하기 시작했다. 살고, 죽고, 그리고 다시 태어나 다시 살고. 그러기 위해서 어떤 상황과 조건이 있어야 할까. 논의가 하늘하늘 흔들리는데, 계속 미간에 주름을 잡고 골똘히 생각하던 여자아이가 쑥 손을 들었다.

"다들 산다는 게 중심이고, 살기 위해서 죽거나 환생한다고 말하는 거 같은데, 애초에 환생하는 것 자체가 목적이고, 그러기 위해 죽거나 사는 것뿐이라면 어떡해?"

여자아이의 시점은 완전히 새로운 것으로 나를 포함해서 원안에 있는 누구도 생각하지 못한 논점이었다. 그의 제안은 얼핏 '내세'나 '윤회'를 말하는 듯하지만, 생도 사도 아니라 생과 사의 전환 자체가 목적이라는 말이었다. 그 전환의 이유가 엄청 기분이 좋기 때문이라면 재미있겠다고 상상했다. 마치 목욕을 하고 차가운 맥주를 들이켜는 사람처럼 죽어서 혼만 남은 존재가 다시 태어나는 순간을 맞이해 "이때를 위해서 살아가는 거야!"라며 쾌감으로 온몸을 떠는 장면이 눈앞에 떠올랐다.

"아예 다른 방향에서 보는 거야." 여자아이가 뒤이어 말했다.

또 어디선가 쨍그랑, 소리가 났다.

우리는 영문을 알 수 없는 세계에 의미를 부여하거나, 이름을 붙이거나, 베일을 덮어씌워 가리면서 어떻게든 살아가고 있다. 수년에 걸쳐서 신념을 구축하고, 그것을 전제로 세계를 해석하기도 하고 무언가를 창조하기도 한다.

철학은 그토록 힘겹게 쌓은 벽돌을 한순간에 산산조각으로 부숴버린다. '전제를 다시 검토해.'라고 말하며. 타인은 내가 부여한 소중한 의미를 조심성이라고는 전혀 없이 모두 떼어버린다. 철학 대화는 우리에게 자유를 주기는커녕 내가 서 있는 자리를 위협하는 가공할 병기일지도 모른다. 그렇기 때문에 철학이나 타인이 전제의 재검토를 요구할 때 우리는 자기 자신이 부서지는 것 같다고 느낀다.

거리에서 철학 대화를 한 적이 있는데, 한 중년 남성이 자신의 지론을 펼쳤다. 이야기를 끝내고 만족스러워하는 남성에게 자신을 중학생이라고 소개한 여자아이가 의아한 표정으로 손을 들고 질문했다. "왜 그렇게 생각하세요?" 철학 대화에서는 흔한 질문이다. 하지만 남성은 "왜냐니….'라고 중얼거리고는 그대로 입을 다물었다. 그는 갑자기 고장 난 로봇처럼 눈을 크게 뜬 채 멍하니 허공만 바라보았다.

철학은 우리의 눈을 보이게 해주기는커녕 잘 보이지 않게도 한다. 근시인 사람이 안경을 벗고 보듯이 경계가 흐릿하게 모호해져서 정체를 알 수 없는 세계가 고스란히 드러난다. 내가 이런 곳에서 살아가고 있느냐고 깜짝 놀란다.

가끔씩 질서가 흐물흐물하게 사라진 세계를 태연한 얼굴로 걸어 다니는 사람이 있다. 그들은 의미를 부여하지도 이름을 짓지도 않고, 나아가 세계에 아무런 편견도 없다. 그저 자연스럽게 평온한 표정으로 일을 하고, 커피를 마시고, 잠을 자면서 자신의 생활을 한다.

어느 밤, 지인 세 명과 함께 식사를 하는데 그중에 후쿠오카 출신인 사람이 있었다. 그에게 이것저것 물어보면서 거기는 좋은 곳이구나, 거기는 뭐가 맛있어, 등 규슈에 대한 이야기를 신나게 했다. 그런데 말없이 웃으면서 대화를 듣던 한 사람이 다음 일정을 물어보듯 가볍고 자연스럽게 질문했다.

"규슈가 시코쿠에 있어?"*

나도 모르게 말문이 막혔다. "아냐."라고 간신히 말했다. 이 사람은 그걸 모르고 어떻게 살아왔을까. 안절부절못하는 우리와 대조적으로 그는 고개를 끄덕이며 흥미진진하다는 듯이 대화에 귀를 기울였다. 아냐, 좀더 심각하게 받아들이라고.

후쿠오카 출신 지인은 마침내 "옛날 역사책에 기초해서 생각해보면 '시코쿠'라고 부르는 것도 불가능하지는 않을지 몰라."라며 어떻게든 합리화를 해보려 했다. 무리인데.

* 규슈는 일본 열도를 구성하는 4대 섬 중 하나이고, 후쿠오카는 규슈의 대표적인 도시다. 시코쿠는 4대 섬 중 가장 작은 섬이다. 한국으로 비유하면 '전라도가 충청도에 있어?'라고 한 셈이다.

그렇지만 규슈나 시코쿠 같은 구분은 인간이 자기들 맘대로 정한 것이다. 그리고 그 구분을 '알아야 한다'고 우리가 멋대로 믿고 있는 것이다. 나는 나의 전제를 깨닫는 동시에 세계와 티 없이 깨끗한 관계를 맺는 그에게 동경을 느꼈다. '후쿠오카가 시코쿠에 있어?'가 아니라 '규슈가 시코쿠에 있어?'라고 물은 것도 좋다. 그는 평소에도 자기가 구입한 진저에일을 마신 다음 깜짝 놀라며 "진저에일 맛이 나."라고 하는 사람이다.

세간에서는 그런 사람들을 '천진난만'이라고 부르며 어떻게든 특정한 유형으로 묶으려고 한다. 하지만 그들은 그 말에서도 슬며시 빠져나가 맘대로 즐겁게 뛰어 다닌다. 내가 흐물흐물한 세계에서 겁먹고 꼼짝 못 하는 사이에 그들은 전혀 개의치 않고 앞으로 쑥쑥 나아가 이리 오라며 손을 흔든다. 단단하게 굳어버린 나를 산산조각으로 부순 다음 깔깔깔 웃는다.

나는 그러는 것이 왠지 무척 기쁘다.

철학 대화를 할 때도 비슷한 기쁨을 느낀다. 경직된 내 신념을 누군가가 손쉽게 부숴버린다. 무섭고, 위태롭고, 기쁘고, 기분 좋다. 조마조마하지만, 맨살로 바람을 맞는 것 같은 느낌이다. 나는 이 세계에 홀로 머무를 뿐이지만, 그런 내가 나 자신이라는 사실을 확인할 수 있는 순간은 역시 타인의 말을 들을 때다. 타인의 생각과 말이 내 맨살을 사락사락 쓰다듬을 때, 나는 비로소 내가 어디에 있는지 알 수 있다. 새카만 어둠 속에서 누군가가 팔을 잡아주는 것 같은 느낌이다.

그렇게 우리는 또다시 새롭게 무언가를 만들기 시작한다.

쨍그랑. 이 소리는 내가 부서지는 소리다. 하지만 실은 내가 부서지는 게 아니라 완성되는 소리인지도 모른다. 타인의 생각과 말이라는 부품이 부서진 내 신체의 일부에 끼워지는 광경을 상상한다. 쨍그랑. 부품이 들어맞는 소리가 난다. 기분 좋다. 그렇구나. 이건 다시 태어나는 소리야.

아아, 이때를 위해서 살아가는 거야.

;

그가 말하길,
신은 산소이니라

10대 시절, 매일 밤 이불을 덮고 기도했다. '하느님, 오늘 하루도 저는 무척 행복했습니다. 모두 하느님의 은총입니다.' 신앙심이 깊었던 것은 아니다. 누가 시켰던 것도 아니다. 그냥 신에게 착한 아이인 척했던 것이다.

정의에 따르면 신은 전지전능하다. 신이 마음만 먹으면 내 착한 척 따위 순식간에 간파할 것이다. 나는 신에게 들킬 것을 두려워하면서도 계속 공허하게 착한 아이로 지냈다.

중고등학교는 가톨릭계 학교를 다녔는데, 아침마다 기도 시간이 있었다. 학생 대부분이 건성건성 방송에서 흘러나오는 말을 따라 멍하니 입을 움직였다. 그저 생활 속에 있는 습관 중 하나였다. 하지만 나는 반 아이들이 고개를 숙이고 기도하는 말을 읊을 때 아주 조금 턱을 비죽 내밀었다. 신이 모든 것을 꿰뚫어 본다면 기도에 불성실한 나를 발견할 것이라고 생각했기 때문이다.

신을 믿고 싶었던 것인지, 믿기 싫었던 것인지, 믿었던 것인지, 믿지 않았던 것인지, 진지했는지, 장난을 쳤는지, 잘 모르겠다. 아마 전부 맞을 것이다. 시시한 기도와 고독한 도박을 계속하던 나는 신에게 발각되지 않은 채 졸업했다.

나는 강한 힘을 받아 변형된 말을 좋아한다. 10대들의 말, 잘 못 나온 말, 특수 용어, 과잉된 존댓말. 이처럼 변형된 말을 듣거나 보면 나도 모르게 푹 빠져든다.

이를테면 지난주의 일이다. 카페에서 일하다 옆자리에 앉은 젊은 회사원의 통화를 들었다. 그는 이슬이 잔뜩 맺힌 유리컵의 아이스커피를 입에도 안 대고 통화 상대에게 연신 굽신거렸다. 매우 죄송스러워했다. 일이 잘 안 풀리는 모양이었다.

"네, 네, 그렇지요, 네. 말씀하신 내용은 제 귀에 똑똑히 들어오셨습니다!"

'오오.' 나도 모르게 시선이 향했다. 성실해 보이는 회사원은 진심에서 우러난 자신의 성의를 상대방에게 전하기 위해서 잘 녹은 버터를 빵에 바르듯 온갖 존댓말들을 자신의 말에 잔뜩 칠하는 것 같았다. 달콤한 버터의 열기 때문에 말이 조용히 녹아내렸다.

또 다른 날, 한 남성복 브랜드 매장에 가방을 사러 갔다. 몇 번만 쓸 예정이었기 때문에 가장 싼 가방을 골라서 별생각 없이 계산대로 가져갔다. 디자인도 편의성도 신경 쓰지 않았다. 내게는 전혀 중요하지 않은 쇼핑이었다. 멋진 안경을 쓰고 계산대에 있던 여성은 내가 건네주는 가방을 받으며 이렇게 말했다.

"쇼핑백이 나오셔야 할까요?"

쇼핑백이 나오신다니, 나는 감동해서 눈이 휘둥그레졌다. 인터넷에서 '햄버거'나 '커피'가 나오신다는 말을 본 적이 있지만, 쇼핑백은 처음이었다. 왠지 말소리의 울림도 발군으로 좋았다. 수준이 다를 정도로. 실제로 소리 내어보고 싶었다.

어느 시대든 책과 지식인, 방송은 '언어의 흐트러짐'을 개탄한다. 한 심포지엄에 토론자로 참여한 적이 있는데, 심포지엄이 끝난 뒤 작성하는 설문지에 어떤 청중은 '사회자의 존댓말이 틀

려먹었다.'라는 감상만 적기도 했다. 사회자가 내 친구였기 때문에 그냥 넘기기 어려웠다.

과잉된 경어는 그저 언어의 사용법에 무지한 결과일까. 그보다는 자연스러움을 희생하면서까지 상대방에게 성의를 보이려고 온 힘을 쓴 것이 아닐까. 나는 말을 이토록 상처 입히면서까지 당신을 진실로 성실하게 대한다고 전하는 행위인 것이다. 그 행위의 옳고 그름과 별개로 나는 강한 힘을 받아 변형된 말의 생명력을 좋아한다. 오히려 그런 말이야말로 살아 있다. 점점 더 강하게 칠수록 그 말은 파닥파닥하며 기이하게 생명력을 과시하는 것 같다.

앞서 나는 알기 어려운 말이나 뭘 의도하는지 전혀 모르겠는 말을 사랑한다고 했다. 그런 말들이 엉망진창 영문을 알 수 없는 세계를 있는 그대로 드러내 보이는 것 같기 때문이다. 말하는 이의 갈등과 모순, 여기저기 찢긴 마음이 올바르지 않은 형태로 말에 나타난다.

물론 문법은 틀렸다. 올바르지 않다. 그렇지만 그런 말도 어딘가 올바른 것이다.

"학생이 엉뚱한 말을 하면 어떻게 하세요?"

아이들과 철학 대화를 하기 전에 거의 반드시 이 질문을 받는다. 철학은 온갖 일에 질문하는 것을 허용하기 때문에 때로는 아이가 "왜 학교에 꼭 가야 해요?" "왜 나이 많은 사람한테는 존댓말을 써야 해요?" 같은 질문을 던지기도 하고, 말도 안 되는 논리나 정돈되지 않은 말로 자신의 생각을 말하기도 한다. 그런 걸 싫어하는 어른도 많다. 학생들의 철학 대화를 밖에서 지켜보다 "말도 안 되는 소리를 한다."라고 쓴웃음을 짓는 교사가 많다. 기대에 어긋났다기보다는 저럴 줄 알았다는 표정이다. "자유로이 생각하기에 앞서 학생들한테 제대로 철학 지식을 가르치는 게 낫지 않아요?"라고 말한 사람도 있다.

철학 교수이자 철학 대화 활동가인 지인이 하는 철학 대화 수업에 동행한 적이 있는데, 여느 때와 같은 그 질문을 받은 순간 그가 지긋지긋하다는 표정으로 말했다.

"저기요, 철학자는 훨씬 엉뚱한 걸 말하는 사람이에요."

맞는 말이다. 의외로 아이들은 '엉뚱한 말'을 하지 않는다. 어디선가 들은 적 있는 모범 답안, 부모에게서 이어받았을 법한 사상, 사회에 널리 퍼진 상식을 입에 담는다. 질문에 대해서 '답'을 찾는 것이 아니라 '정답'을 맞히려고 하기 때문이다.

그에 비해 철학자는 이상한 말만 한다. 신플라톤주의의 유출설이라든지, 니체의 영겁 회귀라든지, 하이데거의 사방세계라든지. 윤리학자 또한 광차 문제나 생존 복권처럼 꽤나 비상식적인 사고실험을 한다. 대학교의 철학사 수업에서 만난 철학자들은 겁 없이 상식에서 벗어난 생각을 연달아 내놓았다. 나는 그들의 경쾌함에 빠져들었다. 그들은 정답을 목표하지 않았다. 그보다는 그들 자신의 '답'을 찾으려 한다는 느낌을 받았다.

어째서 '엉뚱한 말'은 미움을 받을까. 어째서 그런 건 '철학'이 아니라고 여겨질까. 세간의 정답이 아니라 모순이 있더라도 자신의 생각을 우물쭈물 표현하는 아이들의 모습, 장황하거나 문법이 엉망이어도 어떻게든 자신의 생각을 입에 담는 아이들의 모습, 잔뜩 힘을 주어 올바르지 않게 변형될지언정 자기 자신의 말을 찾는 아이들의 모습, 어째서 그런 모습을 보고 "말도 안 되는 말만 하네요."라고 간단히 정리해버릴까. 아이들은 세계를 절실하게 바라보기 때문에 스스로에게 자유로운 발상을 허락했는데.

철학자는 '엉뚱한 말'을 하지만, '터무니없는 말'을 하지는 않는다. 그들에게는 분명한 이유가 있다. 동기가 있고, 주장을 뒷받침하는 기반이 있다. 마찬가지로 아이들에게도 이유가 있다.

그들을 위한, 그들만의, 눈에 잘 띄지 않는 좁은 길이 있다. 아이들은 그 길의 입구에 덩그러니 불안하다는 듯이 서 있다.

용기를 내어 발언한 학생이 수업을 마치고 내게 와서 송구한 표정으로 "말도 안 되는 소리를 해서 죄송해요. 선생님을 힘들게 한 것 같아요."라고 말하는 경우가 있다. 어째서 그렇게 생각할까. 어째서 자신의 생각이 그 자리에 보탬이 되지 않는다고 생각할까. 어째서 자신이 고생해서 만들어낸 자기만의 길을 부끄러워할까.

말도 안 되는 소리를 해서 죄송해요.

이 말을 들을 때마다 나는 눈물이 날 것 같다.

어느 여자 중학교에서 학생들이 '신은 존재할까?'라는 질문을 제기했다. 평소에는 얌전하다는 학생들이 그 장대한 질문에 뜨겁게 매달렸다. 어떻게 해야 지금껏 누구도 경험해본 적이 없다는 신을 증명할 수 있을까. 철학사적으로도 뜨거운 흐름에 빠져들었다가 쉬는 시간이 되었다. 계속 의자에 앉아 논의를 이어가는 아이들을 바라보고 있는데, 한 학생이 다가와서는 "계속 생각했는데요."라며 진지한 표정으로 말했다.

"신은 산소라고 생각해요."

진심으로 "왜?"라고 물어버렸다. 수업 중에 아이들이 이야기한 신의 모습은 절대적인 아버지 같거나, 성질 고약하고 제멋대로인 신화 속의 신들 같거나, 옛날이야기에 나오는 너그러운 할아버지 같았다. 전부 쉽게 상상할 수 있는 신의 모습이었다. 왜그런지 이해되었다. 하지만 그 학생의 생각은 엉뚱했고, 그야말로 터무니없어 보였다.

"신은 보이지 않잖아요. 산소도 안 보여요. 그러니까 신은 산소 아닐까요."

재미있는 의견이었다. 그 학생은 신이 만든 우주에 왜 산소가없을까 의아한 모양이었다. 신이 우리를 지켜보고 있다고 하니, 신은 지구에 있는 것이다. 지구에는 산소가 있다. 그러니까 신은 산소인 것이다. "그러면 신은 몸속에도 있는 거네." 내가 이렇게 말하자 그 학생은 "하지만 토하면 나가버려요."라며 수줍게 미소를 지었다.

몇 년 전에 들은 그 학생의 말이 지금까지 내 영혼에 가라앉아 있다. 이유는 모르겠지만 10대 시절의 내게 들려주고 싶은 말이었다. 신을 믿고 싶고, 믿고 싶지 않고, 잘 몰랐고, 아무튼 혼란스러워서 이상한 도박을 했던 예전의 나에게. 그 학생의 말을 듣는다고 무언가 달라지지는 않을 것이다. 하지만 왠지 그런 생각을 듣고 싶었다. 나는 그저 쓸쓸했던 건지도 모른다.

그 학생의 말에는 이유가 있었다. 엉뚱하고, 엉망이고, 논리는 헐겁고, 웃기고, 그리고 무척 잘 와닿았다. 그의 머릿속에서 푹 우러난 그만의 말이었다. 땀을 송골송골 흘리던 회사원의 "말씀하신 내용은 제 귀에 똑똑히 들어오셨습니다!"도, 계산대에 있던 여성의 "쇼핑백이 나오셔야 할까요?"도 그렇다. 한편으로 '잘못'과 '실패'를 예감하면서도 자신에게 정직하게, 세계와 절실하게 맞서며 결사의 각오로 던진 말.

그 역시 일종의 고독한 도박이다.

어느 날 정오가 조금 지난 시간, 대학교 도서관의 안내 데스크에 철학연구실의 열쇠를 맡기러 갔다. 그곳에 있는 여성과는 면식이 있었지만 대화한 적도 서로 이름을 밝힌 적도 없었다. 그저 '철학'이라고 쓰여 있는 열쇠를 맡기고 맡을 뿐인 관계.

여느 때처럼 열쇠를 맡기고 도서관을 나가는데, 내가 뭔가 잘못했는지 등 뒤에서 여성이 나를 소리쳐 불렀다.

"저, 저기, 철학 님!"

그도 도박에 나선 것이다.

나는 돌아보았다.

;

하나도 몰라

한밤중에 둘이서 길을 걷고 있었다.

나는 바로 얼마 전에 알게 된 '뷰카VUCA'라는 개념을 함께 걷는 사람에게 설명했다. 뷰카란 변동성volatility, 불확실성uncertainty, 복잡성complexity, 모호성ambiguity의 영어 스펠링 첫 글자를 나열한 것으로 세계화가 이뤄진 현대 사회의 두서없는 상태를 가리키는 말이다. 2010년대부터 주목을 받기 시작해서 비즈니스 영역은 물론 교육계에서도 '뷰카의 시대'를 어떻게 살아가야 할까 자주 화제로 삼고 있다.

마침 함께 걷는 사람이 교사였기 때문에 그 개념을 소개하고 그에 대한 의견을 듣고 싶었다. 대략 설명을 마치고 내 의견을 말하려 숨을 고르는데, 지금껏 말없이 듣던 그가 갑자기 눈을 크게 뜨고는 어둡고 조용한 밤길을 향해 사투리로 소리쳤다.

"인생은 언제나 뷰카라예!"

따르릉, 따르릉. 자전거가 힘없이 경적 소리를 울리며 느릿느릿 우리를 앞질렀다. 평소에는 차분하고 얌전한 사람이 갑자기 영문 모를 사투리로 암흑 속을 향해 외친 말이 지금도 가끔씩 생각난다.

'알다'를 모른다.

모르는 것은 모른다. 아는 것도 모른다. 알려고 하지만 모르고, 어떡하면 좋을지도 모른다.

사회의 구조를 모른다. 타인을 모른다. 부모도, 친구도, 선생님도, 무엇인지 잘 모른다. 말도 모르고 세계도 잘 모른다. 자기 자신도 잘 모른다.

아무튼 태어나서, 아무튼 말을 익혔고, 아무튼 일하고 있다. 이따금씩 생각하고 말하고 듣고, 그리고 혼란에 빠진다.

철학과에 입학해서 석사 학위까지 받았고 그 뒤로 몇 년 동안 더 연구해서 조금은 '안다'고 생각했지만, 별로 알지 못한다.

애초에 '알다'란 대체 무엇인지조차 모른다. 감기 기운이 돌기 시작할 때처럼 관절이 흐느적거리고, 잔상으로 이뤄진 세계에서 선잠을 잔다.

열이 나고 있는지도 모른다. 열이 나면, 세계는 흔들거린다. 세계는 흔들리면서도 나와의 경계를 더욱 또렷하게 한다. 그게 짜증 난다. 신체가 나와 세계를 명확하게 나누는 걸 의식할 수 있기 때문이다.

몸이 약했던 나는 종종 오후에 학교를 쉬고 흐린 하늘을, 연기를 보며 지냈다. 집 창문에서 내려다보면 언제나 옆 건물 아저씨가 무언가를 태워서 연기가 뭉게뭉게 피어올랐다. 저 멀리 바라보면 쓰레기 소각장이 있었는데, 마치 나를 감시하는 탑 같았다.

오후. 연기. 흐린 하늘. 학교에서는 지금 미술 시간일까. 다들 나를 잊어버렸을까. 나는 앞으로도 계속 이럴까.

부르르릉. 우체부의 오토바이가 달려가는 게 보였다. 나도 태워주면 좋겠다. 우체부 아저씨 뒤에 걸터앉아서 휙휙 지나가는 풍경을 보며 다음 배달할 집의 주소를 귓가에 속삭여줘야지. 똑바로 붙잡으라고 신신당부하는 아저씨의 입에서는 캔커피 냄새가 나겠지.

오후, 연기, 흐린 하늘.

나는 그 시간이 싫었다.

10대가 되니 더욱더 아는 것보다 모르는 것이 늘어났다. 스스로를 가두는 생각밖에 떠오르지 않아, 어떡하면 좋을지조차 몰라서 호되게 고생한 끝에 철학과에 들어갔다. 철학과에는 나처럼 고생하는 사람들이 몇 명 있었다. 그들과 오후에 카페오레를 마시면서 서로 힘들다고 말하며 시간을 보냈다. 대학교 수업에서는 철학사와 철학자에 대해 가르쳐주었지만 세계가 무엇인지, 그리고 무언가를 안다는 게 어떤 의미인지는 가르쳐주지 않았다. 몇몇 친구들은 "결국 알지 못했네."라고 중얼거리며 '사회'로 나갔다.

나만 우물우물 대학교에 남아 계속 "힘드네."라고 말했다. 하지만 그 대신 함께 카페오레를 마셔주는 사람들은 늘어났다. 그 사람들은 대학교에 속해 있지 않았지만, 나처럼 "힘드네요."라고 말하면서 눈앞에 앉아 있어주었다.

그렇게 다시 몇 년이 지났다.

그렇지만 여전히 철학이 무엇을 가르쳐주었는지는 모른다.

철학책을 펼친다. '강해 보이는 말들이 나열되어 있네.'라고 생각한다.

학생이 찾아와서 "이건 무슨 의미인가요?"라고 질문한다. '모르는데.'라고 생각하면서도 설명해준다. 학생이 "그렇군요. 알겠습니다."라고 말한다. '아는 건가. 대단하네.'라고 생각한다.

철학 대화를 하러 나선다. 참가자가 하는 말의 의미를 잘 모르겠다. 하지만 모른다고 할 수는 없다. '좀 미안하네.'라고 생각한다. '모릅니다.'라니 상대방을 거부하는 것 같아서 말할 수 없다. 그 대신 "그 말은 이런 뜻인가요?"라고 물어본다. 다른 참가자가 "아뇨, 아니지 않아요?" "그게 아니라요."라고 말한다. '미안해요.'라고 생각한다.

"철학을 하면 어떤 좋은 점이 있나요?"라는 질문을 받는다. 잘 모르는데. 그럭저럭 그럴듯한 말을 한다. 상대는 납득한 것 같지만, 실제로도 그런지는 모른다. "철학은 사람을 구해주나요?"라는 질문도 받는다. 잘 모르겠다. 구해준다고 하는 사람도 있을 것이다. 하지만 그게 정말로 철학 덕분인지는 잘 모른다. 철학이 나를 구해준 것이 아니라 내가 스스로를 구한 것이 아닐까. 모르겠다.

"철학이 나가이 씨를 구해주었군요."라는 사람도 있다. 정말 그럴까. 모르겠다.

철학이 있어서 다행이라고는 생각한다.

구해준다는 말은 사람의 마음을 위태롭게 하고, 부산스럽게 하고, 안절부절못하게 한다. 그 말을 '구원'이라고 바꿔버리면 더욱더 요사스러운 빛을 반짝이며 우리를 갈팡질팡하게 만든다. 구원이라고 하면, 초월적인 것이나 정신적인 것을 연상하게 되기 때문일까.

"철학이 우리를 구해준다니, 으악." 예전에 연구실에서 누군가가 말했다. 다들 동조하는지 "아하하." 웃었다. 나는 좀 알 것도 같았지만, 동시에 모를 것 같기도 했다.

기억나는 일이 있다.

많은 사람의 상담을 흔쾌히 받아주는 친구가 있다. 지독한 가정환경에서 살아남은 사람, 힘든 일을 외롭게 혼자 짊어지고 있는 사람, 괴로운 병을 앓고 있는 사람… 아무튼 영문을 알 수 없는 세계에 삼켜져 간신히 얼굴만 내밀고 있는 사람들의 곁에 그가 있다. 그 친구는 괴로워하는 사람들에 대해 잘 아는 것 같았다.

물론 나 역시 친구에게 혼자서는 감당할 수 없는, 하지만 내 인생에 찰싹 들러붙어 있는 것에 대해 이야기한 적이 있다. 친구는 커다란 눈을 깜박이며 진지한 표정으로 내 이야기를 들어주었다.

어느 날, 파티에 함께 참석한 친구가 성큼성큼 내게로 다가오더니 눈을 커다랗게 뜨고 "있잖아."라며 말을 걸었다. 파티에서 무슨 일이 있었나 싶어 "응."이라고 대답했다. 친구의 표정은 진지하기 그지없었다.

"나 말이야. 힘들어하는 사람들 얘기를 많이 듣잖아." 친구가 말했다. 갑자기 무슨 얘기지. 웃음이 나올 것 같았다.

"실은, 하나도, 몰라."

친구는 비밀을 속삭이듯 미간에 주름을 잡으며 말했다. 기다란 속눈썹이 볼에 그림자를 드리웠다. 뜻밖일지도 모르지만, 그 말이 왠지 나를 구해준 것 같았다.

우리는 서로의 이야기를 모르기 때문에 비로소 들을 수 있다. 우리가 서로 닮았고, 형편도 공유하며, 쌍둥이 같았다면, 우리는 이야기를 나눌 수 없을 것이다. 모르기 때문에 귀를 기울이고, 잘 듣고, 끈질기게 생각할 수 있다. 무책임한 공감 따위는 필요 없다. 내 친구가 하나도 모르기 때문에 사람들은 전부 말할 수 있는 것이다.

철학 대화 현장에서도 비슷한 일이 종종 일어난다.

누군가가 뭔가 말할 때마다 다 같이 입을 모아 "완전 알겠어!"라고 맞장구치는 여학교에 간 적이 있다. 나는 이렇다고 생각해. 완전 알겠어! 나는 이럴지도. 맞아, 맞아, 이해해! 무슨 말을 해도 아이들은 서로 공감하며 깊이 고개를 끄덕였다.

그렇지만 차근차근 끈기 있게 이유를 물어보자 사실은 전혀 다른 전제 위에서 이야기했던 것이 드러났다. "뭐지?" 누군가가 의아한 표정을 짓고 "어떻게 된 거야?"라고 묻기 시작했다. 의견이 전혀 다르던 두 사람이 같은 이유를 공유했던 게 밝혀지기도 했다. 말을 쓰는 법, 받아들이는 법이 처음부터 전혀 달랐다는 사실도.

그들의 왕국이 조금씩 무너져갔다. 하지만 학생들의 표정은 오히려 안도하는 듯 평온해졌다. 몇 사람에게, 아니, 아마 모두에게 그 왕국은 허구였던 것이다. 오히려 그들을 가두는 감방이었는지도 모른다. 그런 인상을 느끼며 아무튼 아이들과 함께 참을성 있게 생각했다. "이 얘기 간단한 줄 알았는데, 그렇지 않네." 누군가가 불쑥 중얼거렸다. 그 중얼거림이 구해준 사람 또한 분명히 있을 것이다.

사람이 영문을 알 수 없는 세계와 맞서며 고독하다고 하는 이유는 아마 자기만 홀로 떨어져 있다고 느끼기 때문일 것이다. 다른 사람들은 모두 괴물로 보이고, 자기만 혼자 겉도는 느낌.

괴물들이 쫓아온다. 나를 몰아붙인다. 막다른 길로 몰려서 바닥에 쓰러진다. 내 손바닥을 보는데 무서운 짐승의 발톱이 돋아있다. 소름이 끼친다. 괴물은 나였던 것이다. 주위는 모두 평범한 사람이었다. 계속 이랬다. 나 혼자 있었다. 앞으로도 그럴까.

그렇지만 세계란 그렇게 단순하지 않을 것이다.

때로 사람은 주위가 모두 똑같고 서로 이해하며 공감하는데 오로지 나만 어울리지 못한다고 생각한다. 하지만 사실 세계는 모호하고 불확실하며 복잡하다. 거기서 사람들은 이런저런 이유로 외로워하거나 이해하지 못하거나 안달복달하거나 웃으면서 살아간다. 이 세상에 무수히 존재하는 '나 혼자'들은 뿔뿔이 두서없이 흩어져 제각각 외로워한다. 그런 점에서 우리는 모두 평등하다.

철학 대화를 하다가 거북한 동조나 참기 어려운 고독이 대화를 감쌀 때, 나는 바란다. 더욱더, 더욱더 뿔뿔이 흩어지자. 뿔뿔이 흩어져서 제대로 절망하자. 세계는 처음부터 항상 다양했고, 복잡했고, 모호했고, 불확실했다. 그렇기에 우리는 모두 가없고, 모두 평등한 외톨이다.

하지만 그렇기 때문에 우리는 "힘드네."라고 웃으면서 함께 카페오레를 마실 수 있다.

어느 기업에서 '일한다는 것은 무엇일까?'라는 주제로 철학 대화를 했다. 한 여성 참가자는 말하면서 뚝뚝 눈물을 흘렸다. 자신이 지금까지 했던 생각과 이해하지 못한 것과 고독감이 왈칵 흘러넘친 것이다. 그 자리의 누구도 "나도 알아."라고 하지 않았다.

우리는 단 한 사람과도 서로 알 수 없다. 그 사실을 누구나 알고 있다. 그 사실이 우리를 부드럽게 연결한다.

나는 당신의 고통을 모른다. 당신의 슬픔을 영원히 모른다. 그래서 함께 생각할 수 있다. 여성의 눈물이 끝없이 흘러내리고, 어느새 우리는 모두 물속에 있다. 함께 숨을 멈추고 깊이 잠수해서 집중한다.

뿔뿔이 흩어진 우리는 같은 바닷속에서 연결되어 있다.

;

다 그런 거야

"친척을 좋아할 수가 없어요." 어느 철학 대화에서 한 남성 참가자가 말했다.

그는 집안에 있는 수많은 규범, 관습, 전통 등을 이어야 하기에 친척들과 자주 모일 수밖에 없다고 했다. 그런데도 친척들을 좋아할 수가 없다고 쓴웃음을 지으며 말했다.

조상을 모시는 것은 어떤 일인가. 이런 주제였던 것 같은데 자세히 기억나지는 않는다. 참가자 대부분이 서로 처음 만나는 사람들이었고, 낯선 지역에서 하는 철학 대화였다. 각자 어떻게 조상을 모시는지 소개하고, 음미하고, 논의했다. 이렇게 모셔야 한다는 건설적인 해결법을 찾는 대화는 아니었고, 외려 각자 외면했던 자신의 전제와 욕망을 신중하게 풀어헤치는 시간이었다.

두 시간 정도 철학 대화를 했는데, 친척을 좋아할 수 없다고 했던 참가자는 긴 시간을 들여서 몇 번이나 그 이야기를 반복했다. 마치 친척을 싫어하는 자신을 벌주는 듯했다.

대화가 막바지로 향하던 무렵, 계속 조용히 있던 여자 중학생이 의아하다는 듯이 남성을 쳐다보며 말했다.

"싫으면 싫어해도 괜찮지 않아요?"

중학생의 의견 자체는 그다지 참신하지도 기발하지도 않았다. 시원한 해결책도 아니었다. 구글에서 '친척이 싫어'라고 검색해보면 나올 법한 의견이었다.

그렇지만 그의 의견은 주장이라기보다 '질문'이었다. 싫으면 싫어해도 될 텐데, 왜 그러지 않나요? 왜 그렇게 생각하나요? 무엇이 당신을 가로막고 있나요?

질문을 받은 그는 잠시 말문이 막혔다가 "그렇구나."라고만 말했다. 그는 중학생의 질문을 혼자서 되새기는 듯했다. 누군가가 손을 들어서 다시금 매끄럽게 대화가 재개되었다. 우리의 대화는 바다를 헤매며 무언가를 찾았다. 하지만 아쉽게도 시간이 되어 대화를 급히 마쳤다. 자, 여러분. 이제 육지로 올라가죠. 이렇게 말하듯 나는 "자, 끝났어요." 하며 싱겁게 대화를 마무리했다.

다들 묵묵히 돌아갈 준비를 하는데, 말문이 막혔던 남성이 "오늘 정말로 오길 잘했어."라고 말했다. "그렇구나, 싫어해도 되는구나. 네 말을 들어서 다행이야. 그렇구나." 그는 살짝 고개를 숙이고 긴장이 풀린 듯이 웃으면서 정말 고맙다고 했다. 감사 인사를 들은 중학생은 여전히 의아한 표정으로 잠자코 그의 말을 들었다.

전혀 다른 날, 전혀 다른 장소에서 했던 철학 대화. 어느 초등학교에서 몇 번째인가 진행했던 수업이었다. 철학에 완전히 익숙해진 아이들은 이제 즐기면서 대화에 참가했다. 그날의 주제는 그들이 하고 싶다고 했던 '어른과 아이의 차이는 무엇일까?' 였다.

내가 맡은 조는 여덟 명 정도였는데, 그중에 첫 수업부터 설명이나 대화를 훼방하는 남자아이가 있었다. 좀처럼 대화에 집중하지 않고 다른 아이의 이야기를 방해하거나 놀렸다. 초등학교에서는 흔한 일이라 중재하며 아이들과 철학을 즐겼다.

대화를 시작하고 얼마 지나지 않았는데, 그 아이가 다른 아이의 말을 막더니 몸을 꿈틀거리고 양손을 산만하게 비비면서 가늘게 뜬 눈으로 나를 보고 말했다.

"사실은 답 알죠?"

답이란, 그날의 주제였던 '어른과 아이의 차이는 무엇일까?'
에 대한 답을 말하는 것 같았다. 내가 맡은 조에서는 나이로 결
정된다, 술을 마실 수 있다, 돈을 번다 등 이런저런 의견이 오가
며 어른과 아이의 차이를 가늠하고 있었다. 남자아이는 일부러
내 비위를 거스르려고 노력하듯이 크게 고개를 끄덕이면서 뒤
이어 말했다.

"괜찮아요. 빨리 말해. 말해버려요. 답해!"

그는 히죽히죽 웃었다. 내게 손을 내밀어서 답을 재촉했다.
어서, 어서. 이렇게 말하는 듯한 표정이었다.
나는 그 모습을 보고 진심으로 울고 싶었다.

철학 대화를 설명할 때마다 나는 여러 차례 "답은 아직 누구
도 몰라. 안다고 하는 사람은 아는 척하는 것뿐일지도 몰라."라
고 강조했다. 그렇기 때문에 다 같이 생각을 꺼내서 음미하는
거라고 말했다. 나도, 선생님도, 아빠도, 교장 선생님도, 답은 모
른다. 그러니 '정답'을 맞히려고 하지 않아도 된다고, 일단 네

생각을 알려주길 바란다고, 그렇게 설명했다. 아이들은 내 설명을 잘 들어주었고, 남자아이가 내게 답을 요구했을 때 다른 아이들은 "선생님도 모른다고 했잖아."라며 중재해주었다.

그래서 그 자리에서 다시 한 번 그를 향해, 그 아이 한 명만을 향해 설명을 반복했다. 아무도 모르니까 일부러 함께 생각하는 거야. 나도 답을 몰라. 답을 알고 싶으니까 도와주면 좋겠어. 진심으로 부탁했다. 그는 흥, 하며 작게 숨을 토하고는 몇 차례 눈을 깜박였다. 다른 아이가 "저요!"라며 손을 들어서 대화가 자연스레 재개되었다.

대화가 끝난 뒤에도 그의 말이 내 속에서 메아리쳤다. 그에게 있었던 것은, 깊은 절망이었다. 항상 누군가 정한 답이 있고, 그걸 질문당할 뿐인 학교생활과 일상. 나중이지만, 그가 어려운 환경에 놓여 있다는 사실도 조금이나마 알게 되었다. 그는 첫 수업부터 우리를 힘들게 하는 아이였다. 그리고 힘들어하는 아이였다.

생각하는 수업이라지만, 어차피 답이 있을 거 아냐. 생각하는 수업이 아니라 답하게 하는 수업이잖아. 다 그런 거잖아. 지금까지 늘 그랬고, 앞으로도 그럴 거야.

아아, 나도 그런 아이였어. 집으로 돌아가는 길을 걸으면서 떠올렸다. 다 그런 거야, 지금까지 늘 그랬고, 앞으로도 그럴 거야. 미적지근한 권태감과 뚜렷한 절망감. 내가 인생의 주체가 아닌 듯한, 무언가 거대한 것에 빼앗겨버린 듯한 감각. 바람이 차가웠고, 돌아가는 길은 멀었다.

횡단보도에서 신호를 기다리는데 건너편에서 추위에 떠는 사람들이 나른하게 입을 움직이는 게 보였다. 그들의 표정은 보이지 않았다. 검은 코트들이 죽 늘어서 있었다.

그런 거야, 지금까지 늘 그랬고, 앞으로도 그럴 거야.

그들은 가죽구두로 발소리를 울리며 목소리를 맞추고 어딘가로 걸어갔다.

철학 대화는 일본뿐 아니라 전 세계에서 이뤄지고 있다.

학교 등에서 아이들과 함께하는 철학은 철학 대화라는 이름보다 '어린이 철학P4C, Philosophy for Children'이라고 부르는 게 일반적이다. 하와이, 호주 등이 유명한데, 나는 라틴아메리카의 방식을 좋아한다. 브라질에서 활동하는 철학자 바우테르 코안Walter Kohan은 어린이 철학을 실천하는 동기로 라틴아메리카의 '가난하고 공정이 결여된 사회'에서 사람들이 '참담함'을 느낄 수밖에 없다는 점을 언급했다. 어른은 공평하지 않은 사회에서 중얼거린다. "다 그런 거야That's the way it is." "항상 그랬어It has always been like this."라고.

그렇기 때문에 코안은 아이들에게 주목했다. 아이들이 수동적으로 아무 저항도 하지 않고 미적지근한 권태감 속에서 절망에 빠지지 않도록. 자신들이 살아가는 환경에 '질문'을 할 수 있도록. 그는 슬럼가의 초등학교에서 아이들과 함께 철학을 한다. "우리가 살아가는 세계는 실현될 수 있었던 수많은 가능성 중 하나에 불과하며, 그렇기 때문에 우리의 손으로 세계를 변혁할 수도 있다고 일깨우기"* 위해서.

나는 조용하고 착실하면서도 가장 급진적인 그의 시도를 사랑한다.

"싫어해도 괜찮지 않아요?"라는 질문을 들은 남성처럼 나도 낯선 타인에게서 불현듯 질문을 받는다. 그런 거야, 지금까지 늘 그랬고, 앞으로도 그럴 거야. 나를 둘러싸고 있는 이 말이 타인에 의해 싱겁게 벗겨진다. 정말 그런가요? 왜 그렇게 생각하나요? 앞으로도 그럴까요? 혹은 타인의 자극 때문에 의문을 품게 된다. 이게 문제였나? 그런 거였나? 계속 그럴 거라고?

정말 그걸로 괜찮을까?

바로 얼마 전 수업에서 고등학생들과 이야기를 하는데, 한 여

---

* 土屋 陽介, 『僕らの世界を作りかえる哲学の授業』青春出版社 2019.—지은이 주

학생이 "다 그런 거라는 말을 들으면 진짜 싫어."라고 말했다. 그는 선생님께 왜 그런 거냐고 물어보면 "다 그런 거니까."라는 말을 듣는다고 했다. "모르면 모른다고 하라고." 분개하는 그는 기운 넘치고 시원시원했다. "또 언제 '다 그런 거야.' 같은 말을 들었어?" 내가 물어보니 "선생님께 모르는 걸 질문했는데 '생각이 너무 많으면 더 모르게 될 거야.' '그러다 힘들어질 거야.'라고 했어요."라며 미간에 주름을 잡았다.

'아, 정말로 화가 나고 분하고 절망했겠구나.' 나는 생각했다. 학교라는 곳에, 선생님이라는 사람에게, 실망했겠지.

다 그런 거야. 생각이 너무 많으면 힘들어. 더 모르게 될 거야. 사고를 멈추도록 유혹하는 이런 말은 배려라는 형태를 취하고 조언이라는 탈을 쓰고 있기 때문에 무섭다. 자애로운 성모 같은 모습을 하고 있어서 끌어안기면, 그 순간 우리의 숨통을 끊는다. 눈치채지 못한 한순간에 저항하지 않는 수동적인 인간이 되어버린다.

그렇지만 동시에 "너무 생각하면 힘드니까, 다 그런 거라고 받아들이는 게 나아."라는 의견은 고통에 대한 일종의 방어 반응이라는 점도 생각해보아야 한다.

철학과에 가고 싶다고 말했던 수년 전, 많은 사람들이 "생각이 너무 많아도 힘들어." "세계는 존재할까 같은 질문은 안 해도 상관없잖아. 그냥 그런 거라고 해도 되잖아."라며 나를 만류했던 것이 기억난다. 확실히 철학자라고 하면, 혼자 방에 틀어박혀서 무언가 중얼거리며 점점 이상해지는 이미지가 여전히 깊게 뿌리내리고 있다. 심지어 "죽지 마."라는 부탁을 받은 적도 있다. 하지만 내가 실제로 만난 철학자들은 다들 쾌활하고, 말이 많고, 농담을 즐기고, 약간 뻔뻔하기도 했다.

왜 생각을 하고 질문을 하면 힘들어진다고 생각할까? 힘든 일이 많기는 하다. 괴로운 현실 앞에서 '다 그런 거야.'라며 받아들이고 스스로를 구한 적도 있다. 하지만 힘든 것은 질문 때문이 아니다. 다른 이유가 있을 듯싶다.

사람들이 떠올리는 '질문하는 사람'들. 얼굴을 잔뜩 찡그린 그들의 미간에는 완고하게 주름이 잡혀 있다. 무너진 몸을 주체하지 못하고 고통에 힘겨워한다. 생각하기란 괴롭다고 말하는 것만 같다. 하지만 그 괴로움의 원인은 생각하는 것이 아니라 고립에 있지 않을까. 혼자서 생각의 바다에 잠수하기 때문인지도 모른다. 오로지 혼자, 단 하나의 세계관, 단 하나의 가치관, 단 하나의 관점만 갖고 물속을 방황하기 때문인지도 모른다. 홀로 물속을 헤매면 언젠가 막다른 길에 빠져 괴롭게 마련이다.

그리고 그 괴로움이 심연 같은 질문 때문이라고 착각하는 경우도 있다.

그렇지만 철학은 구조적으로 '다른 것'을 갈망한다.

친척을 싫어해도 괜찮지 않나요? 그건 왜 그런가요? 제 의견은 달라요. 이와 같은 다른 목소리가 나의 폐에 신선한 숨을 불어넣는다.

나를 가두고 있는 이곳은 위대한 바다의 극히 일부분에 지나지 않는다. 세계는 훨씬 다양하고, 기묘하고, '다른 것'이 무수히 존재하는 곳이다. 그 사실이 정말로 무섭고, 동시에 안심이 된다.

철학은 아무것도 가르치지 않는다. 철학은 손을 내밀지 않는다. 그저 말할 뿐이다. 다른 목소리를 들으라고.

어느 밤, 친구가 휴대전화로 메시지를 보냈다. 앱을 열어 메시지를 확인했다. 화면에는 "신이 입 다물고 있는 건 말이야. 우리가 남의 말을 들으라고 그러는 거 아냐?"라고 쓰여 있었다. 가벼운 문장과 무거운 내용의 불균형 때문에 웃음이 났다. 나도 동의한다고 메시지를 보냈지만, 답장은 오지 않았다. 나중에 물어보니 욕조에 들어갔다고 했다. 목욕 전에 보낼 메시지는 아니잖아.

그날, 나는 열 살인 그에게 선생님도, 교장 선생님도, 아빠도, 누구도 답을 모른다고 했다. 그는 처음으로 시선을 조금 아래로 떨어뜨리고 한동안 조용히 있다가 마지막 5분 동안만 철학 대화에 참가했다. 시간이 되어 수업이 끝나자 교실을 뛰쳐나가 놀러 갔다.

이 세계에 궁극의 '답'이 있다면, 신도 그걸 모르면 좋을 텐데. 그렇게 조금 생각했다.

;

안절부절

별로 부럽다든지, 바꿔보고 싶다는 건 아니에요. 하지만 친구는 결혼해서 아이를 키우고 있고, 저는 일을 하고, 그런 걸 생각하다 보면 왠지 내가 친구의 인생을 살았다면 어땠을까, 왜 나는 이렇게 살까, 딱히 지금이 싫지는 않은데 그런 생각이 떠오르기도 해요.

미팅을 가장한 수다 자리에서 편집자가 유리잔에 담긴 진저에일을 달그락달그락 저으면서 말했다. 카페가 물속처럼 조용해서 편집자는 속삭이듯이 말했다. 긴 손가락과 똑바른 자세가 아름다운 이 사람은 언제나 어딘가 먼 곳을 바라본다. 먼 곳을 보는 눈이 점점 멀어지다 그가 결국에는 질문 그 자체가 되는 것 같아서 눈을 뗄 수가 없다.

왜 나는 이렇게 살까, 그런 걸 생각하기도 해요.

편집자와 헤어진 뒤에도 그 질문이 내 옆에 말없이 앉아 있다. 그의 것이면서 내 것이기도 한 질문이.

한 초등학교에서 철학 수업을 했을 때, 아이들에게 생각해보고 싶은 질문을 적어달라고 했다. 전국 어디에서나 항상 인기 있는 질문은 '왜 사람은 살아 있나요?' '죽으면 어떻게 되나요?' '인간이란 뭔가요?'다. 거기서 연령이 조금 높아지면 흥미롭게도 '진짜 친구란 무엇일까?' '왜 나이 많은 사람을 공경해야 할까?' 같은 인간관계와 관련한 질문으로 넘어간다. 고등학생과 대학생이 되면 '책임이란 뭘까?' '평등은 가능할까?' 등 사회정의에 관한 화제로 질문이 집중되고, 사회인이 되면 '왜 인간관계는 괴로울까?' 등 질문에서 인생의 피로감이 엿보인다.

집에 돌아와서 아이들이 제출한 종이를 살펴봤다. 아이들은 작은 칸에 연필로 질문을 휘갈겨 썼다. "왜 똥이라고 말하면 변태라고 하나요?"라는 질문이 눈에 띄었다. 장난치는 것 같지만,

실은 좋은 질문이다. 인간, 동물, 우주, 신. 아이들의 질문은 세상 만물을 아우른다. 그중에서도 누구보다 가냘픈 글씨로 속삭이듯이 쓴 질문이 눈에 들어왔다.

왜 친구의 인생을 살아볼 수는 없나요?

가슴이 덜컥했다. 이름을 보니 항상 조용히 싱글거리며 수업에 참가하는 얌전한 여자아이였다. 나도 모르게 뒤를 돌아보았다. 왠지 그 아이가 귓가에서 속삭인 것 같았기 때문이다. 지난주에 아이들이 질문을 썼던 종이 뭉치를 꺼내서 그 아이의 질문을 찾아봤다.

역시나 가냘픈 글씨로 "자기란 뭔가요?"라고 쓰여 있었다.

유치원부터 초등학교에 걸쳐 '나 나 게임'이라는 것을 자주했다. 내가 개발한 놀이인데, 오후에 햇빛이 더 이상 들이치지 않아 방 안에 어렴풋이 푸른 공기가 가득 찰 때 혼자서 하는 비밀 놀이였다.

나른한 오후에 몸이 무거워지면 침대에 벌렁 드러눕는다. 멀리서 자동차 타이어와 도로가 마찰하는 소리, 모르는 초등학생끼리 싸우는 소리, 공사장에서 무언가가 캉 부딪치는 소리, 나무들이 바람에 술렁이는 소리가 들린다. 천장을 바라보며 세계와 내가 하나로 녹아들도록 힘을 뺀다. '나'라고 마음속으로 중얼거리고 계속해서 "나, 나, 나"라고 소리 내다 보면 나에게 초점이 맞춰지는 것 같아서 전율이 느껴진다. 타인의 시점에서 나를 보고 싶지만, 당연히 그럴 수 없기에 느끼는 갑갑함. 그와 동시에 지금 여기 존재하는 '나'를 의식할 수 있다는 경이로움과 쾌감.

정신이 들고 보면 나는 여기에 있고, 나는 나이며, 다른 누구도 아니다. 나는 나를 볼 수 없고, 나는 지금 이 시점으로만 세계를 볼 수 있다. 나도 모르는 사이에 내게 삶이 부여되었고, 어딘가에서 눈을 감을 것이다. 그것을 체험하는 사람은 틀림없이 나, 나, 나, 나….

이처럼 두려움과 쾌감에 마음이 흔들리는 경험을 하는 것이 '나 나 게임'이었다. 당시 나는 '자의식'이라는 말을 몰랐고, '나'라는 것이 무엇인지 잘 모르는 채 기묘한 방법으로 체험했다.

딱히 선택한 적 없지만, 나는 나라는 사실을 받아들여야만 한다. 이 기이한 사실을 받아들이기 위해 우리는 오랜 시간 동안 먼 길을 돌아서 간다. 그 과정에서 내가 나라는 사실뿐 아니라 내게 쏟아지는 수많은 다른 사실도 함께 받아들여야 한다. 내가 틀림없이 나라는 사실과 더불어 이 시대, 이 날, 이 자리의 나라는 사실, 내게 덧붙는 그런 사실도 어떻게든 받아들이거나 소화시켜야 한다. 우리는 그러면서 살아가고 있다.

그런 와중에 문득 질문이 되살아난다. 왜 친구의 인생을 살아볼 수는 없나요? 누군가가 내게 속삭인다. 내 인생을 버리고 싶은 것은 아니다. 친구의 인생을 진심으로 질투해서 내 인생과 바뀌길 바라는 것도 아니다. 그런데도 작은 소녀의 질문이 내 소매를 붙잡고 놓아주지 않는다.

혹시 이 질문은 '내가 나를 언제 선택했을까?'라고 묻는 것이 아닐까. 선택하지 않은 이 사실을 어떻게 받아들이면 될까, 하고 말이다.

사람은 살아가고, 숨을 쉬고, 나는 왠지 나이며 그 아이도 왠지 그 아이라는 사실을 받아들여야만 하고, 이것저것 뭐가 많아서, 우리는 안절부절못하고 있다.

늦은 밤, 소파에 앉아 천장을 올려다보다 '어?'라고 생각한다. 벌써 시작된 건가? 어느새 나는 맹렬한 속도로 달리는 광차에 올라타 있다. 이게 확실히 내 인생인가? 바라든 바라지 않든, 수많은 일들이 계속 내게로 쏟아진다. 광차는 멈추지 않는다. 엄청난 바람이 얼굴을 때려서 눈을 뜨기 어려울 지경이다. 하지만 나는 아무것도 느끼지 않는다. 광차에 탄 자신을 홀로 아파트의 소파에 앉아서 멍하니 바라볼 뿐. 나는 어느 쪽도 아니다. 어느 쪽에도 내가 없다. 나는 나를 멍하니 바라보고, 밤은 점점 깊어 간다.

철학자 사르트르는 '자신에게 일어나는 일을 받아들여라.'라 고 여러 차례 말했다. 이 말이 제2차 세계대전 중의 일기에 많 이 나와서 놀라웠다. 그의 불투명한 말에 고등학생이던 나는 매 료되었다. 내게 일어나는 일은커녕 내가 나라는 사실조차 제대 로 받아들이지 못한 아이였는데.

얼핏 보면 사르트르의 말은 설령 내게 정의롭지 않은 일이 일어나도 그에 순종하거나 영합하라고 부추기는 것처럼 느껴 진다. 마치 부정한 정치에 대해 계속 침묵하며 '다 그런 거야.' 라고 자기 자신을 납득시키듯이 말이다. 사르트르가 술집에서 맥주를 따라주며 잠자코 그냥 마시라고 하는 것 같기도 하다.

갑자기 두려워졌다. 집에 있는 책들을 펼쳐서 이 세계에 있는 나를 찾았다. 내가 보는 세계의 어디에도 나는 없다. 친구가 쓴 책의 「감사의 말」에서 내 이름을 찾았다. 나가이 레이. 이건 그 저 잉크의 자국일 뿐 나는 아니다.

그럼에도 나는 있다. 나는 스스로를 잘 볼 수 없지만, 이런저 런 것들이 내게 찰싹 들러붙어 있고, 나도 모르는 새 등에 무언가 짙어지고 있다. 주위 사람들은 다급히 움직이는데 나만 정지해 있는 것 같다. 왜 친구의 인생을 살아볼 수는 없나요? 왜 공원을 산책하는 저 사람의 인생을 살아볼 수는 없나요? 길에서 지나치는 사람들의 눈빛, 숨결, 땀 냄새. 왜 인적이 거의 없는 거리 한구석의 중국집에서 등을 구부린 채 국수를 먹는 사람이 되어볼 수는 없나요?

오늘도 그저 안절부절, 안절부절못하고 있다.

코로나 때문에 세계가 완전히 바뀌었다. 초등학교에 철학 수업을 하러 갈 수도 없게 되었다. 그 소녀를 다시 만날 수는 없다. 답을 금방 찾지 못해도 그 아이와 함께 질문을 더욱 마주하고 싶었다. 무섭구나, 신기하네, 둘이 속삭이면서. 그리고 그 아이의 생각을 듣고 싶었다. '나 나 게임'을 알려주고 함께 놀고 싶었다.

철학 대화는 시끄럽지만 조용하다. 정신없이 말이 오가지만, 내 내면의 깊은 바닥은 물속처럼 고요하다. 어디선가 들이치는 햇빛을 멍하니 바라보고, 쓸데없는 생각은 하지 않게 된다. 온몸에 물이 닿는 것을 느끼면서 나라는 존재를 평소와 다른 방식으로 확인할 수 있다. 나는 그 아이와 함께 물속 깊숙이 들어가고 싶었다.

대화란 말과 생각을 나누는 것이지만, 동시에 나를 바라보는 것이기도 하다. 필요 없는 장식을 벗어버리고 내 손으로 직접 느껴 확인하는 것. 그것이야말로 나를 '받아들이는 것'인지도 모른다. 받아들인다는 것은 잠자코 맥주를 마시는 것과 다르다. 내가 나라는 사실, 왠지 내게로 쏟아지는 무언가를 눈앞에 두고 가능한 있는 그대로 직접 느껴서 확인하는 것이다. 입 안에서 혀를 굴려 사탕의 모양을 확인하듯이. 우물쭈물하면 안 된다고 스스로를 제한하지 않고, 성급하게 '답'을 내려고 하지도 말고.

이 글을 쓰는 지금은 초등학교에 가지 못한다. 편집자와 만나지도 못한다. 하지만 틀림없이 두 사람 모두 어딘가 물속에 있을 것이다. 안절부절, 안절부절못하고 있을까.

'이게 내 인생이다, 이게 바로 나다.' 이렇게 무리해서 가슴 펴고 선언하지 않아도 괜찮다. 그저 안절부절, 안절부절못하면서 멈추지 않는 광차에 탄 자신을 광차에 탄 채로 느끼는 것. 어딘가 초월적인 입장에서 판단하지도, 아무것도 못 느끼는 척하지도 말고. 이런저런 판단을 한번 허공에 매달아서 그저 바라보고 싶다. 물속에서 천천히 힘을 빼는 그 순간처럼.

내 인생과 친구의 인생과 모르는 누군가를 왔다 갔다 하며 오늘도 물속에서 잠든다.

;

무서워

그 사람은 "엄청난 질량이 무서워."라고 했다. 그는 친구가 주사위 모양의 물건을 건네주며 "여기에는 우주와 같은 질량이 담겨 있어."라고 말했던 꿈이 트라우마라고 했다. 그 이야기를 들은 모두가 웃었다. 하지만 그는 얼마나 무서웠는지 소리 내어 울면서 눈을 떴다고 했다.

엄지와 검지로 집을 수 있을 만큼 작은 주사위. 그 속에 터무니없는 에너지와 물질이 빵빵하게 차 있다고 한다. 왜 그런 게 존재하는지는 모른다. 왜 친구가 갖고 있었는지도 모른다. 그리고 왜 내게 주려고 하는지도 모른다. 이해할 수 없는 것밖에 없다.

그래도 나는 물어보았다. 왜 그게 무서운 건가요? 그는 "몰라요. 왜 그럴까."라고만 했다.

그 이야기를 듣고 내게도 이유는 잘 모르지만 두려운 것이 있음을 떠올렸다. 그건 '사람이 허무하게 죽는 영화'다. 내게 가장 무서운 것은 관객을 공포로 몰아붙이는 호러 영화가 아니라 전쟁 영화, 스파이 영화, 슈퍼히어로 영화다. 그중에서도 '분위기상' 사람이 죽는 장면이 무섭다. 그런 영화에서 주인공의 친구나 사랑하는 사람의 죽음은 클라이맥스에서 극적으로 그리고 비장한 음악이 흐른다. 하지만 영화 초반 총에 맞는 등장인물 A는 주인공의 탁월한 사격 실력을 소개하기 위한 장면에서 허무하게 목숨을 잃고 다시는 등장하지 않는다.

등장인물 A에게는 이름이 없다. 지어주지 않았기 때문이다. 성격도 존재하지 않는다. 설정하지 않았기 때문이다. 유명 배우도 아니다. 누구나 연기할 수 있기 때문이다. 하지만 등장인물 A에게도 생활이 존재한다. 우리가 미처 모를 뿐, 우리처럼 생활을 꾸려갔을 것이다.

M-1 그랑프리*에서 2018년에 우승한 콤비 시모후리묘조霜降り明星의 만담을 보고 깜짝 놀랐다. 결승전이었는데, 콤비 중 한

---

* 일본에서 젊은 코미디언 중 최고를 가리기 위해 매년 개최하는 대회.

명이 수영장에 빠져서 흰자위가 드러나게 눈을 치뜨며 "머릿속에 주마등이 흐른다."라고 외친다. 그 모습을 지켜보던 다른 한 명이 말한다. "죽어가는 거?" 그러자 수영장에 빠진 사람이 주마등 속 여러 추억과 인생을 재현하기 시작한다. "이 콩 크다!" "나는 관절에서 소리가 안 나네." "이 길로 나가면 된다고?" 그의 주마등을 본 다른 코미디언이 외친다. "시시한 인생!"

가슴이 덜컥했다. 그 시시한 인생은 틀림없이 우리의 인생이었으니까.

시인, 작가, 코미디언은 개인적이고 눈에 잘 띄지 않는 일상 속의 체험을 언어로 표현하는 능력이 정말 뛰어나다. 사람들은 믿을 수 없을 만큼 뿔뿔이 살아가지만, 왠지 타인과 공유할 수 있는 인식, 기억, 체험이 있다. 그런 것을 코미디언 같은 이들이 발굴해 뜻밖의 순간에 보여주면, 철학적 진리에 도달한 듯한 기분까지 든다.

변기는 아마도 차갑겠지 ─마타요시 나오키

코미디언이자 작가인 마타요시 나오키의 시. 이 시에는 커다란 에피소드나 전율을 불러일으키는 아름다움은 없다. 하지만 모든 사람의 기억에 있을 법한 일상의 단편이 있다. 이 정도로 언어화하지 않더라도 많은 사람들이 선뜩한 하얀 변기에서 차가운 이미지를 느낀 적이 있지 않았을까.

우리는 장대한 이야기를 원한다. 극적이고 인상적인 사건을 소중하게 기억한다. 각자 자기만의 '인생 하이라이트 필름'이 있어서 자기 자신에 대해 이야기할 때는 그것을 바탕으로 말한다. 하이라이트 필름을 제대로 만들지 못했거나 떠올리지 못하는 사람은 '얄팍한 인간'이라며 놀림을 받기도 한다.

그렇지만 우리는 매우 구체적이고 잊어버리기 십상인, 정말 작고 사소한 사건과 감정과 인식으로도 이루어져 있다. 평소에는 의식하지 않지만 때로 타인과 공유할 수 있는 체험, 잊어버리고 대수롭지 않게 여기며 화제에도 올리지 않는 일. 그렇게 반짝이는 무수한 입자들이 간신히 나라는 존재의 윤곽을 유지한다.

프란츠 카프카는 "어째서 인간은 피로 가득 찬 자루가 아닐까."라고 썼다. 그저 자루였다면 얼마나 마음이 편할까. 인간은 자루가 아니다. 우주의 질량이 담긴 주사위다. 우주에 헤아릴 수 없고 파악할 수 없을 만큼 별들이 많듯이 인간은 작디작은 알갱이들이 한데 모여 이루어진다. 알갱이들이 꾹꾹 눌러 담겨 있기에 이토록 작은 신체인데도 엄청난 질량을 지니고 있다.

건네받은 주사위는 바로 우리인 것이다.

그것을 '생명'이라고 부르는 사람도 있을 것이다. 생명에 담긴 무수한 역사, 인식의 행렬, 사고의 넓이. 액션 영화에서 등장인물 A가 죽는 장면은 우주의 질량이 담긴 주사위가 그저 피로 가득한 자루처럼 다뤄지기 때문에 무서운 건지도 모르겠다.

사람들은 종종 철학이 커다랗고, 극적이고, 추상적인 개념만 다룬다고 여긴다. 삶이나 정신이나 형상 같은. 전부 느낌표를 붙여야 될 법한 거창한 말이다. 철학 학회에 가보면 그런 말들이 붕붕 날아다녀서 마치 불꽃놀이를 보는 듯하다. 물론 그런 말에는 나름대로 의의가 있고 재미있는 점도 많다. 하지만 그런 말들만 오가는 곳에서는 내가 어디에 있는지 알 수 없게 되어 불현듯 불안해진다.

학창 시절 아르바이트를 하다 기분 나쁜 일을 겪고 집으로 돌아가던 길에 저 멀리 모르는 동네에서 쏘아 올리는 불꽃놀이가 빌딩의 틈새로 아주 살짝 보였던 게 생각난다. 무척 아름답고, 압도적이고, 화려했다. 하지만 그 불꽃은 내 것이 아니었다. 불꽃은 내 손에서 빠져나가 어딘가 있는 모르는 사람을 위해 하늘 높이 올라갔다. 아무도 없는 어두운 길에서 나는 고개를 숙인 채 지친 몸을 질질 끌듯이 걸으며 멀리서 터지는 불꽃의 소리를 들었다.

어느 마을에 철학 대화의 촉진자로 갔을 때의 일이다. 대학교의 높으신 선생님을 초청해서 철학 대화를 하는 모임이었다. 당시 나는 촉진자 역할이 그리 능숙하지 않았다. 그래서 본래 참가자들이 대등하게 논의해야 하는 철학 대화에 높으신 선생님이 높으신 상태로 섞여 있는 까다로운 상황에 제대로 대응하지 못했다. 그래도 처음에 대화를 하는 자리에서는 전문 용어를 쓰지 않고 사람들과 공유할 수 있는 자신의 말로 이야기하는 것이 규칙이라고 설명했다.

질문으로 철학 대화를 시작하려고 입을 여는데, 선생님이 내 말을 막더니 **"세계의 세계성이"**라고 말했다.

커다랗고 선명한 불꽃이 터졌다. 물론 나는 때로 그런 불꽃을 사람들과 함께 행복한 마음으로 바라보기도 하고, 나라면 어떻게 쏘아 올릴까 생각해보기도 한다. 하지만 그날 참가한 사람들은 선생님의 팬인 듯한 한 남성 외에는 대부분 그 마을에서 오랫동안 살아온 아주머니나 대화를 좋아해서 참가한 여성들이었다. 그 선생님의 말도, 감각도, 그리고 질문까지도 서로 공유하지 않는 사람들이었다. 먼 곳에서 보이지 않는 불꽃이 날아올랐다. 아니, 그래도 일단 다 함께 무엇에 대해 생각해볼까 생각해보기 위해 그 선생님을 바라봤지만, 불꽃이 쉬지 않고 터졌다. 라캉, 하이데거, 비트겐슈타인. 지평, 세계, 양상, 현상. 훌륭한 사람의 이름과 커다랗고 추상적인 개념, 전문 용어까지 차례 차례 어지럽게 등장했다. 내가 거는 브레이크를 무시하고 대화는 점점 앞으로 나아갔다. 선생님의 팬인 듯한 남자가 뒤를 따르듯이 성대하게 불꽃을 쏘아올렸다. 특정한 사람에게만 보이는 불꽃을.

결국 마지막까지 마을 사람들에게는 이야기할 기회가 주어지지 않았다. 몇 차례 개입해서 규칙을 확인하고 사람들과 공유할 수 있는 주제를 설정하려 했지만, 화약 냄새로 숨이 막힐 만큼 선생님과 남자는 불꽃을 쉬지 않고 쏘았다. 그리고 내게도 그 불꽃은 마지막까지 보이지 않았다.

모임이 끝나고 선생님을 비롯한 참가자들과 뒤풀이를 하러 가는 길에 혼자 망연히 걷는데, 대화에 참가했던 아주머니가 내게 다가왔다. 그 아주머니와는 예전에 몇 차례 철학 대화를 함께했지만 직접 이야기를 나눈 적은 없었다. 그는 멍하니 걷는 나에게 다가와 손주를 대하듯 손을 잡아주더니 언덕길에 나무가 있는 곳으로 데려갔다. 뜨거운 볼에 바람이 닿았다. 유모차를 미는 여성을 지나쳤다. 부르릉 소리를 내며 자동차가 천천히 달려갔다. 보도를 지나자 길 옆에 가만히 자리하고 있는 그루터기가 눈에 들어왔다. 아주머니는 멈춰 서더니 고개를 숙인 채 이야기했다.

여기에는 내가 좋아하는 나무가 있었어. 집 앞을 청소할 때마다 커다란 나무가 보여서 인사를 했어. 옛날부터 있었던 나무거든. 그런데 어느 날 모르는 사람들이 오더니 허가도 없이 나무를 베어버렸어. 슬펐어. 봐, 그루터기가 되어버렸잖아.

나도 좋아하는 나무와 풀이 있다. 어쩌다 갑자기 그것들이 없어진 적도 있다. '잘렸구나. 슬프네.'라고 걸으면서 생각하곤 했다. 작은, 손바닥만 한, 일상의 단편이다. 그 일은 일반적인 '인생 하이라이트 필름'에 실리지 않을 것이다. 일상에서 벌어진 너무나 사소한 흔들림이니까. 그래도 나는 그 슬픔을 알고 있다.

높은 자리에 있는 사람들 얘기는 하나도 모르지만, 이 나무 이야기는 꼭 들려주고 싶었어. 쓸데없는 얘기를 해서 미안해요.

아주머니는 그렇게 말하고는 양손으로 내 손을 잡았다.
"아뇨, 아까 했던 대화의 어떤 발언보다 가치 있어요." 나는 눈물을 참으며 말했다. 난생처음 타인이 나를 따뜻하게 대해준 것만 같았다.

좋아하는 나무가 잘려서 슬펐다. 이 문장에서도 철학을 시작할 수 있다. 철학 대화에서는 그런 일상의 단편이 난무한다. 이름은 거창하게 '철학'이지만, '초등학교 급식의 된장국에 들어 있었던, 너무 푹 익어서 걸쭉해진 미역' 같은 게 화제에 오른 적도 있다.

평소에는 의식하지 않고, 대수롭지 않게 여기며, 논의의 주제가 되기는커녕 화제에도 올리지 않는 것. 철학 대화에서는 그런 것에 대해 생각해도 괜찮다. 사소한 일상의 단편임에도 왠지 타인과 공유할 수 있는 걸쭉한 미역을 떠올리며 모두 함께 웃는 날도 있는 것이다. 맞다, 그날 했던 철학 대화의 주제는 '섬뜩함'이었다. 핼러윈이었다. 벌써 꽤 오래전 일이다.

철학은 모든 사람과 관계를 맺는다. 모든 것에 관여할 수 있다. 중요하지 않다고 치부했던 것 역시 철학 대화에서는 생각해볼 수 있다. 오히려 평소에 잊고 지냈던 것이나 어떤 의문도 품지 않았던 것에 귀를 기울인다. 논의 자리에서 중요시되지 않으며 굳이 들을 필요가 없다고 여겨지던 사람의 이야기도 귀담아듣는다. 인간을 그저 피가 담긴 자루가 아니라 우주의 질량을 지닌 주사위로 대한다. 함께 지知를 사랑하기 위해, 진정으로 다같이 철학을 하기 위해.

꿈 이야기를 들려준 그는 주사위를 건네받기가 두려웠다고 했다. 지금이라면 그를 이해할 수 있을 것 같다. 철학 대화에서 누군가 자신의 생각을 이야기하면, 마치 그 사람이 자기 자신의 일부를 내게 건네는 듯한 느낌이 들 때가 있다. 그 생각은, 바로 그 사람인 것이다.

그래서 우리는 무서워하는 것이다. 건네받은 주사위가 손에서 미끄러져 떨어질까 봐. 영화에서 허무하게 등장인물을 죽이듯이 내가 누군가의 생각을 그렇게 취급할까 봐. 누군가가 건네준 그 생각은 단순한 소음이 아니다. 그것은 목소리가 되어 우리 귀에 들린다. 우리는 그 목소리를 우주의 질량을 지닌 생명으로 받아들인다.

'생명은 비할 데 없이 사랑스럽다.'라고 말하려는 것은 아니다. 오히려 만원 전철에서 사람들과 꼭 붙어 부대끼다 보면 그 누구도 사랑스럽지 않다. 하지만 그 누구도 배제하고 싶지 않다. 상처 주고 싶지 않다. 당신을 부수는 것, 당신을 해치는 것이 무섭다. 하지만 역시 왜 그런 건지는 모르겠다.

;

변하다

수년 전, 수업에서 논문을 발표했다. 프랑스의 실존주의 철학자로 유명한 장폴 사르트르의 저작에 기초한 논문이었다. 나는 사르트르의 아름답고 힘 있는 말들을 인용하면서 방대한 그의 사상 중 극히 일부라도 슬쩍해보려고 필사적으로 애썼다.

내가 발표를 마치자 선배들이 질문을 던졌다. 나는 하나씩 해치우듯이 질문들에 답했다. 비판이 나올 때마다 내가 사르트르의 변호인이라도 된 양 보이지 않는 재판관에게 호소했다.

한 선배가 질문했다. 사르트르가 나이 들며 해석을 덧붙이거나 버린 부분에 대한 것이었다. 나는 사르트르의 변화에 대해 말하고, 더불어 사르트르의 관심이 옮겨 갔다는 사실을 설명했다.

내 답을 들은 선배는 얼굴을 반쯤 찡그리고 중얼거렸다.

"뭐야, 변한 거야."

선배는 가치 있는 생각인데도 불구하고 사르트르가 흥미를 잃었다는 사실이 아쉬웠을 수도 있다. 사르트르가 손바닥 뒤집듯 생각을 바꾸는 경박한 인간이라며 낙담했는지도 모른다. 확실히 예전에 선배는 자신이 연구하는 철학자의 관심이 생애에 걸쳐 일관되었다는 데 초점을 맞춰서 발표했었다. 그래서 관심과 생각이 쉽게 변한 사르트르에게 짜증이 났던 것일까.

나는 어색하게 웃으며 "네, 변했어요."라고 했다. 선배는 "장마철 날씨도 아니고 생각이 쉽게 변하네."라고 기가 차다는 듯이 한 번 더 말했다. "네, 변합니다." 나는 작게 말했다. 내 목소리는 의지와 달리 부끄러워하는 기색이었다.

그 일로부터 얼마 지나지 않아 나는 대학교의 교수님과 함께 한 도시에서 열리는 철학 대화 행사에 초청을 받았다. 교수님이 대화의 촉진자였고 나는 그저 기록 담당이었는데, 무척 긴장해서 전날부터 잠을 설치며 어떤 '좋은 말'을 해야 할까 노트에 생각을 줄줄이 적었다.

교수님은 약속 시간보다 이르게 도착했는데, 무척 태평해 보였다. 등산하는 차림이라 카페에 마련된 행사장이 나무가 울창한 숲처럼 보였다. 교수님은 등산 도중 그루터기에 걸터앉듯이 의자에 앉아서 참가들과 이야기를 나누었다. 나는 교수님 옆의 지나치게 큰 의자에 몸을 오그리고 파묻히듯이 앉아서 잠자코 있었다.

행사가 시작되자 교수님은 철학 대화란 어떤 주제에 관해 참가자들끼리 서로 이야기를 들으면서 천천히 생각해보는 자리라고 소개했다. 그리고 철학 대화의 규칙은 다른 사람의 말을 잘 듣는 것, 남에게서 빌린 말이 아닌 자신의 말로 이야기하는 것이라고 설명했다. '마지막으로' 교수님은 몸을 살짝 굽히더니 주위를 둘러보며 말했다.

"부디 변하는 것을 두려워하지 마세요."

"다른 사람의 말을 잘 듣고, 그로 인해 자신의 생각이 변하는 것을 즐겨주세요." 교수님은 그렇게 말하고는 조금 침묵했다. 멀리서 매미의 울음소리가 들렸다. 타인의 이야기를 경청하고, 내 생각을 나만의 말로 이야기하는 것은 확실히 철학 대화의 규칙이었다. 하지만 교수님의 마지막 말은 규칙치고는 좀 이질

적이고 기묘했다. 정해진 규칙을 알려준다기보다 간청하는 듯
한 모습이었던 것도 불가사의했다. 문득 고개를 들었는데, 교수
님은 우리를 보는 동시에 어딘가 먼 곳을 보는 것 같았다.

교수님이 침묵한 것은 겨우 몇 초였을지도 모른다. 교수님
은 문득 자세를 고쳐 앉고는 빙긋 웃으며 "자, 오늘 주제는 뭐였
죠?"라고 주위에 물어보았다.

다시 그로부터 몇 년 뒤, 지인의 손에 이끌려 철학 대화를 하
는 사람들의 모임에 나갔다. 선생님을 따라간 적은 있어도 결코
스스로 그런 자리에 간 적이 없던 나는 새삼 온몸이 뻣뻣해지
도록 긴장했다. 참가자는 모르는 사람뿐이었는데, 그중에서도
가장 눈빛이 무섭고 몸을 의자에 기댄 채 팔짱을 끼고 있는 사
람이 눈에 띄었다. 그는 다리를 크게 꼬고 앉아 있었는데, 거만
하고 공격적으로 보였다.

무슨 주제로 대화했는지는 기억나지 않는다. 한 학생이 더듬
더듬 가냘픈 목소리로 무언가를 주장했다. 모두 가만히 귀를 기
울였다. 학생이 말을 끝맺자 눈빛이 무서운 사람이 손을 가볍게
들면서 "하지만"이라고 말했다. 그는 철학 대화에서 발언자만이
지닐 수 있는 털실로 된 공을 넘겨받더니 논리 정연한 의견을
매끄럽게 이야기하기 시작했다.

긴장 탓에 경직된 내 머리에도 그의 말은 명쾌하고 견고하게 들렸다. 그의 말은 앞서 이야기한 학생의 주장에 대한 반론이기도 했다.

그 순간, 몇 년 전 어느 학회에서 발표했던 때의 풍경이 되살아났다.

발표 원고를 모두 읽고 고개를 들었는데, 수많은 사람들이 나를 겨냥해 활시위를 당기고 있었다. 그들의 눈은 나의 가장 연약하고 무른 부분을 조준하며 당장이라도 활을 쏠 기세였다. 사회자가 "질문 있으신 분."이라고 말하자마자 일제히 화살이 날아들었다.

화살은 나를 부끄럽게 만들려고 했다. 화살은 내게서 "공부가 부족했습니다."라는 말을 끄집어내려 했다. 화살은 나의 굴욕을 원했다. 화살은 군중 앞에서 내가 적나라하게 죽기를 바랐다.

나는 날이 무딘 칼을 마구잡이로 휘두르며 화살을 쳐내느라 정신이 없었다. 파랗게 질린 채 무거운 칼을 이리저리 흔드는 내 모습을 수많은 눈이 바라봤다. 나는 어색하게 입술을 움직이며 비참하게 벌벌 떨었다.

나를 가만히 바라보는 청중들이 '너에 대해 다 알아. 너는 애송이에 하찮고 여기에는 어울리지 않아.'라며 영원히 화살을 쏘아댈 것 같았다.

눈빛이 무서운 사람이 말을 마치고 앞서 발언한 학생에게 공이 되돌아갔다. 간신히 말을 짜낸 그 학생은 "제가 말하고 싶었던 건 이겁니다."라고 이야기하는 동시에 하고 싶은 말을 탐색하는 것 같았다. 견고하고 명쾌한 말에 비해 학생의 말은 흔들흔들하고, 이해하기 어렵고, 단번에 뿔뿔이 흩어질 듯했다. 학생의 비참한 사체가 많은 사람들 앞에 드러날 게 두려웠던 나는 바닥만 내려다봤다.

그는 여전히 눈빛이 무서웠지만 진지하게 학생의 말을 들었다. 그리고 "그렇군요."라고 싱겁게 말했다. 그는 애초에 활조차 가지고 있지 않은 것 같았다. 몇 차례 작게 고개를 끄덕이고는 진심으로 납득한 듯했다. 실제로 그는 금세 아무런 미련도 없이 기존의 자기 입장을 놓아버렸다.

그 뒤로 그를 여러 곳에서 봤다. 그는 철학 박사 학위를 받았다는데, 어떤 장소에서든 누가 상대든 그저 이야기를 듣고, 몇 가지 질문을 하고, 때로 반론하고, 자신의 생각을 전한 다음, 금방 "그렇군요."라고 했다. 좀 개성 강한 참가자가 이리저리 돌려 말하고 매우 개인적임에도 구체적으로 잘 와닿지 않아 반응하기 어려운 주장을 해도 그는 놓치지 않고 "지금 얘기 좀 재밌는데요."라며 그 주장의 밑바닥에 숨어 있는 매력을 마법처럼 찾아냈다.

긴장으로 얼굴이 흉측하게 상기되고 손발이 차갑게 꽁꽁 굳어 있던 내게는 놀라운 광경이었다. 그에게는 교육적 배려도, 지식인이 초보의 이야기를 한번 들어주겠다며 은근히 짓는 불쾌한 미소와 눈빛도 없었다. 그는 모든 사람의 모든 의견이 진리에 공헌한다고 진심으로 생각하는 듯했다. 내가 이야기하든, 권위 있는 연구자가 이야기하든, 중학생이 이야기하든, 그는 그런 신분에는 조금도 흥미가 없었다. 그의 시선은 나를 꿰뚫고 머나먼 저편으로 향하는 것 같았다.

사람은 '일관성'을 동경한다. 힘 있게 뻗어나가며 흔들리지 않는 나무의 줄기 같은 것을 신뢰한다. 생각이 변하면 일관성 없는 우유부단한 사람이라고 한다. 논의하는 자리에서 의견을 바꾸는 것은 패배를 뜻한다.

'불변'도 동경한다. 결국 내가 말하고 싶은 건 30년 전과 똑같습니다. 이런 말을 들으면 멋지다고 감탄한다. 육체가 사라져도 바통처럼 이어지는 불변의 영혼을 꿈꾸듯이, 시대와 환경이 변해도 꿈쩍 않는 생각에 매료된다.

그 이유는 인간이 변하기 쉬운 존재이기 때문일 것이다. 운명을 함께하자 맹세한 연인은 허무하게 갈라선다. 초심을 잃고 오로지 욕심만 차린다. 변한다. 변해버린다.

그렇지만 우리는 변하는 것을 정말 어려워하기도 한다. 잘못을 인정하거나 신념을 바꾸거나 전제를 의심하지 못한다. 기존의 내 입장을 버리지 못한다. 나도, 당신도. 아저씨도, 어린아이도. 엄마도, 고등학생도. 변하기란 어렵다. 변하는 것은 갑옷을 천천히 벗고 말랑한 살을 고스란히 드러내는 것이나 마찬가지다. 내 영혼의 가장 연약한 부분을 남이 만지게 두는 것이다.

교수님의 "변하는 것을 두려워하지 마세요."라는 말이 반복된다. 철학 대화에서는 매번 다양한 규칙을 채용하는데, 변화를 겁내지 말라는 규칙을 정한 것은 그 자체로 대단한 일이라고 지금은 생각한다. 변화를 겁내면서도 반기는 것, 그리고 변화에 주의를 기울일 수 있다는 것이 무슨 의미인지 생각할 수 있기 때문이다.

철학 대화는 돌봄이다. 철학 대화로 치유된다는 뜻은 아니다. 주의를 기울인다는 의미로 돌봄이라 한 것이다. 철학은 지知를 돌본다. 진리를 돌본다. 그리고 타인의 생각을 듣는 나 자신을 돌본다. 입장이 변하는 것을 겁내는 나를 돌본다. 당신의 생각을 돌본다. 그렇기 때문에 철학 대화는 결코 투기장이 아니다.

그렇다고 해서 철학 대화가 서로 공감하는 공동체인 것은 아니다. 사람들은 '대화dialogue'라고 하면 흔히 두 사람이 마주 보고 서로 마음을 이해하기 위해 하는 행위를 떠올린다. 하지만 영어 'dialogue'의 어원은 고대 그리스어 '디아로고스dialogos'로 '말logos'을 '통해dia' 사람과 사람이 교류하는 것을 뜻한다고 한다. 그리고 파생어로는 '디아렉티케dialektikē'가 있다.

디아렉티케. 즉, '변증법'. 나는 이 말을 철학사 교과서에서 처음 봤다. 물론 수많은 철학자가 수많은 방식으로 이 말을 사용했다. 하지만 내가 일종의 변증법을 처음 '실감'한 곳은 바로 철학 대화가 이뤄지는 자리였다.

사람들이 모여서 대화를 하면 공감하든지 싸움을 벌이든지, 둘 중 하나로 끝나리라 생각하는 경우가 많다. 하지만 변증법은 그것들과 전혀 다르다. 변증법은 나와 다른 의견을 마주하고 자포자기하듯이 내 의견을 버리는 것이 아니다. 단순히 차이를 확인하고 내 의견의 개요를 더욱 다지는 것도 아니다. 변증법은 나와 다른 의견을 받아들이고, 나아가 내 생각을 쇄신하는 것이다.

중간을 취하는 것도 아니다. 타협도 아니다. 대립을 더욱 높은 수준으로 끌어올리는 것이다. 다만 그러려면 대화하면서 '변모하는 것'이 용인되어야 한다.

예전에 보았던 눈빛이 무서운 그 사람도, 가볍게 자신의 생각을 쇄신한 사르트르도, 그들이 그저 겸허하거나 자신의 의견을 고집하지 않았던 것은 아니다. 자신의 입장보다도 진리를 돌보고, 나와 다른 생각을 받아들여서 생각을 발전시켰던 것이다. 그렇기 때문에 변증법이 이뤄지는 곳에서는 누구든 하찮은 존재가 아니라 진리에 공헌하는 사람으로 대우받는다. 진리에 다가가기 위해 필요한 존재가 된다.

철학 대화라고 하면, 원 모양으로 배치한 의자에 사람들이 앉아 서로 얼굴을 보며 이야기하는 이미지를 떠올리는 사람이 많을 것 같다. 물론 그런 이미지는 수평적으로 대화하는 장소를 상징하는 장면이고, 탐구 공동체의 상징이기도 하다. 철학 대화는 승패를 가리는 게임이 아니고 투기장도 아니다. 마주 본다고 하면 '대결'이 떠오르지만 그 역시 아니다. 사람들의 시선은 서로를 꿰뚫지 않고, 누구도 활과 화살을 쥐고 있지 않다.

교수님과 눈빛이 무서운 그 사람의 먼 곳을 보던 눈을 떠올린다. 시선은 분명 나를 향했지만, 결코 나를 차갑게 찌르지 않았다. 철학 대화를 할 때 사람들은 서로 얼굴을 맞대고 앉는다기보다 수면에 떠서 둥실둥실 움직이며 다른 사람들과 함께 하늘을 올려다보는 것 같다.

내가 무언가를 조심조심 이야기한다. 선생님은 힘을 빼고 물결에 몸을 맡긴 채 흔들림을 즐기고 있다. 선생님의 귀는 분명히 내 말을 듣고 있지만, 눈은 머나먼 저편의 무언가를 보고 있다. 무거운 활과 화살을 내버린 나 역시 힘을 빼고 다른 사람들의 말을 통해 눈앞에 있는 무언가를 보려고 하늘을 올려다볼 것이다.

얼마 전, 교수님과 온라인으로 모임을 가질 기회가 있었다. 나는 몇 년 전에 교수님이 설정했던 규칙을 좋아한다고 말했다. 그때 일이 내게 미친 영향에 대해 줄줄이 이야기했다. 하지만 교수님은 어리둥절한 표정으로 "그런 말을 했어?"라고 했다. 정말로 잊어버린 것 같았다. "좋았어! 앞으로는 말해야겠어!"라며 벼르기까지 했다. "뭐라고 했지? 변하는 걸 겁내지 마라? 즐겨라? 뭐라고 했다고?"라며 내게 물어보았다. 교수님은 껄껄껄 웃었다. 나도, 모임에 함께한 친구도, 깔깔깔 웃었다.

사르트르도, 교수님도, 나도, 사람은 변한다. 이제는 그 사실이 기쁘다.

;

기다리다

천천히, 천천히, 점원이 내 머그컵을 포장하고 있다.

상자를 천천히 열고는 내게 내용물을 확인해달라고 요청한
다. 상자가 잘 닫히지 않는다. 몇 번이나 열었다 닫은 끝에 간신
히 상자가 원래 형태로 돌아간다. 점원은 안도의 숨을 후, 내쉬
더니 내 눈을 보며 말한다. "뽁뽁이를 하겠습니다." 깨지지 않도
록 포장할 테니 조금 기다려주세요, 하는 전형적인 대사가 아니
다. 점원은 상자와 사투를 벌이는 와중에 '이 다음에 뽁뽁이, 이
다음에 뽁뽁이.'라고 생각했던 것 같다. 마음속으로 중얼거린
말이 그대로 스르르 밖에 나와 점원과 나 사이에 떨어진다. 나
는 답답한 마스크를 쓴 채 "네."라고 갈라진 목소리로 작게 답하

고는 상자가 천천히 '뽁뽁이'에 감싸이는 장면을 지켜본다. 난 생처음 뽁뽁이를 만져보는 사람 같은 손놀림으로 점원이 상자를 포장한다. 이미 시간이 꽤 흘렀다. 가게 안에는 손님이 적지 않고 내 뒤에도 젊은 남녀가 기다리고 있다. 들이는 시간에 비해 포장은 그리 꼼꼼하지 않다. 둔한 동작 사이로 불편한 침묵만이 흐른다. 영 마음이 불편하고, 불쾌감이 내 혈관으로 퍼져가는 게 느껴진다.

나는 먹구름 같은 초조함으로 마음을 물들이면서 **'부디 세계가 더 이상 빨라지지 않기를.'**이라고 기도한다.

최근 전철에서 한국 남자 아이돌 그룹의 영상을 즐겨 본다. 프로페셔널한 춤. 매력적인 표정과 눈빛. 맑은 목소리. 올해 들어서야 아이돌의 매력에 눈뜬 나는 연신 감동하며 영상을 재생하고 있다.

그렇지만 내 스마트폰은 거의 항상 통신 제한*이 걸려 있다. 유튜브 앱을 실행하는 데 전철 한 정거장만큼 걸린다. 겨우 영상의 섬네일을 터치하면 재생이 시작될 때까지 다시 전철 한

---

* 스마트폰 이용자가 계약으로 정한 데이터 용량을 초과했을 경우 통신 속도를 낮추는 것을 가리킨다. 특정 이용자의 과도한 데이터 사용을 방지하려는 목적으로 이뤄진다.

정거장을 가야 한다. 마침내 재생이 시작된 영상은 폐허에서 발굴한 옛날 비디오테이프처럼 화면이 지지직거린다. 날렵하게 춤추고 있을 아이돌들이 뻣뻣하게 움직인다. 그 정도이니 당연히 얼굴도 뭉개져서 누가 누구인지 알 수 없다. 의상으로 멤버들을 추측해보려 하지만, 무의미한 시도로 끝난다.

안달복달하며 로딩 중인 화면을 하염없이 바라본다. 그와 동시에 '**부디 이 세상에서 통신 제한이 없어지지 않기를.**'이라고 기도한다.

자주 듣는 말이 있다. 철학 대화는 '말하기'가 아니라 '듣기'라고. 철학자 와시다 기요카즈는 명저 『듣기의 철학』*에 "우리는 말하기 이상으로 듣기를 배워야 한다."라고 썼다. 이 문장은 '지금껏 철학은 너무 말이 많았다.'라는 반성을 뒷받침한다.

철학뿐 아니다. 우리는 항상 지나치게 말이 많다. 일상에서, 회의에서, SNS에서. 차분히 듣지 않고, 무언가 '좋은 말'을 해야 한다는 강박에 쫓겨서 정신없이 입을 계속 움직인다. 침묵을 무서워한다. 말을 머뭇거리고, 말문이 막히는 걸 두려워한다. 회의 자리에서 침묵이란 그 자리에 참가하지 않은 것이나

* 길주희 옮김, 아카넷 2014.

마찬가지로 여겨진다. 새하얀 화면에 되는대로 아무 글자나 타이핑하듯이, 성급하게 계속 말한다. 더욱 좋은 말을, 더욱 의미심장해 보이는 말을. 더 타인을 움직일 수 있고, 더 존경받을 수 있고, 더 사람들이 이 자리에 어울리는 인간이라고 인정해줄 만한 말을.

예전에 한 생방송에 출연했을 때의 일이다. 방송 시간이 얼마 안 남았을 무렵, 래퍼인 다스레이더 씨가 "저도 (본명이) 레이인데요."라고 말해주었다. 나는 기쁘기도 하고 잘 반응해야 한다는 마음이 앞서 "다행이네요."라고 답해버렸다. 놀라울 정도로 공허한 말. 공백을 메워야 한다는 초조함이 가득한 응답. 나 자신도 어이가 없었고, 방송을 본 친구는 "다행은 뭐가 다행이야."라는 메시지를 보냈다.

라디오 방송에서는 수 초 동안 침묵이 이어지면 방송 사고라고 한다. 만약 수십 초 동안 침묵하면 비상 테이프라는 것이 자동으로 음악을 내보낸다는 모양이다. 우리의 인생은 항상 생방송이다. 우리는 방송 사고가 두려워서 침묵을 모조리 공허한 말로 메운다. 실은 신나는 음악이 흘러나와도 아무 문제 없을 텐데.

우리는 서두르고 있다. 속도를 추구하고 있다. 더 빠르게, 더욱더 빠르게, 더 많이, 더 풍요롭게, 더 의미심장하게. 더 풍성

한 결실을, 더 막대한 성과를.

하지만 철학 대화는 '서두르지 마.'라고 한다. '일단 멈춰.'라고 속삭인 다음 '다시 질문해.'라고 명한다.

그리고 철학 대화는 이렇게도 말한다. '기다려.'

초등학생 때 전철에 탔는데 항상 "다음 역은 유텐지."라고 능숙하게 안내하던 차장 아저씨의 상태가 평소와 달랐던 날이 있었다. 아침 햇살이 조용히 들이치는 차내에서 찰칵찰칵 마이크를 연결하는 소리가 나더니 차장 아저씨의 낮은 목소리가 흘러나왔다.

"다음은 유…."

차장 아저씨는 거기까지만 말했다. 띄엄띄엄 앉아 있던 승객들은 잠자코 안내 방송에 귀를 기울였다. 스마트폰 같은 게 없던 시절이라 다들 불안한 눈빛으로 창밖을 보았다.

"……………………………."

치지지지지지, 하고 마이크가 연결되었을 때 나는 잡음만 들렸다. 스피커를 봐도 소용없건만 승객들은 무슨 일인가 싶어 올려다보았다. 나도 스피커를 보았다.

나카메구로역에서 출발한 도요코선 전철은 유텐지역을 코앞에 두고 있었다. 승객들은 한마음이 되어 긴장감 어린 표정으로 다음 말을 기다렸다.

"⋯⋯⋯⋯⋯⋯⋯⋯렌지입니다."

맞은편에 앉은 여성이 후, 하고 숨을 토해냈다. 그토록 다 함께 안내 방송을 기다린 적은 없었다. 모두가 다음 말을 애타게 바랐다. 출신도 성별도 다른 사람들이 몹시 긴장된 분위기에서 '듣기'에 집중했다.

그날의 차장 아저씨를 상상해본다. 정말로 다음에 유텐지역일까? 유, 그리고 텐지, 그 사이에는 무엇이 있을까? 우리는 어디로 향하고 있을까? 그의 내면에서 많은 질문이 나타났다가 사라지고, 우리의 일상을 뒤흔든다. 반들반들 매끈하던 시간에 많은 여백을 집어넣고, 틈을 만들어서, 우리를 중단시킨다. 기계적으로 목적지에 향하던 전철이 그 시간의, 그 전철의, 그 차량의, 그 순간이 된다.

몇 년 전에 했던 철학 대화에서도 비슷한 일이 있었다. 무언가 뜨겁게 이야기하던 참가자가 돌연 딱딱하게 굳더니 입을 멈췄다. 눈을 크게 뜬 채 양손은 도르래를 돌리는 듯한 포즈였다. 그 자리에 모인 사람들은 전부 서로 초면이었고 아무런 접점이나 공통점이 없었지만, 모두 그의 침묵을 방해하지 않고 숨죽이며 다음 말을 기다렸다. 그 순간 지금껏 술술 진행되던 대화가 외려 부자연스러운 것으로 바뀌었다.

망설이고, 당황하고, 어떡하면 이걸 전할 수 있을까, 어떡해야 상대방을 상처 입히지 않을까 고민하는 그 시간. 그리고 그 시간을 결코 놓치지 않겠다는 듯 집중하고 가만히 기다리는 모습. 그것은 우리의 인생에 일어나는 방송 사고이자 매끈매끈, 술술, 척척 진행되는 일상에 끼어든 사소한 휴식이기도 하다.

그러니까 우리는 사랑하자, 통신 제한을.
영원한 로딩을 기다리며 돌아가는 둥근 원을.
자꾸만 접속이 끊기는 줌 회의를.
이야기 도중에 말문이 막히는 당신을.

빠르고, 매끄럽고, 끊김 없는 것이 미덕인 세계에 맞선 작은 저항. 입맛을 다시는 자본주의의 촉수가 우리의 눈을 가려버리기 전에. 편리와 안전을 칭송하면서 약함과 의문, 그리고 그저 존재하는 것에 배제를 선고하기 전에.

이런 말에 대해서 '슬로 라이프를 즐기자.' '생활에 정성을 들이며 인생에 여유를 갖자.' 같은 주장이라고 여길지도 모르겠다. 물론 생활을 무시하지 않고 정성스레 삶을 꾸리는 것은 중요하다. 하지만 내가 생각하는 것은 좀더—내 일상의 일이라기보다—다른 사람들을 끌어들이는 일이다. 그것은 때로 고통스럽다.

'기다리기'란 어렵다. 하지만 '기다리게 한다.'를 '기다린다.'로 새롭게 받아들일 때, 그 행위는 전과 달리 결단과 주체성을 띠게 된다. '서두르기'를 거부하는 태도가 될 수 있다. 기다린다는 것은 깨어 있다는 뜻이다. 짜증 나고 초조하지만, 그 감정을 주의 깊게 거부하는 것이다.

한번은 절에서 철학 대화를 했다. 말없이 경내를 걸어서 돌아다닌 다음 다시 모여서 질문을 공유하고 대화를 시작하기로 했다. 주최자이면서도 수면 부족으로 피곤했던 나는 짐 지키는 역할을 맡아 사람들이 경내를 돌아다니는 동안 멍하니 앉아서 정원을 바라봤다. 시간이 되자 줄줄이 사람들이 돌아왔다. 대화가 시작되었고 사람들은 일상에 끼어든 여백의 시간에 대해 생각하며 질문을 주고받았다. 갑자기 "나가이 씨는 무슨 생각을 하셨어요?"라는 질문을 받아서 당황했다. '이런, 아무 생각도 안 했는데.' 하지만 침묵이 두려웠던 나는 순간적으로 "여러분을 기다리는 동안, '기다림이란 무엇일까' 생각했어요."라고 답했다. 너무 뜬금없는 얘기라 그런지 사람들은 딱히 반응하지 않았고, 나는 되는대로 말한 스스로에게 기가 막혀서 금방 잊어버렸다.

그렇지만 그로부터 몇 년 동안 그 질문이 보글보글 조용히 거품을 일으키며 천천히 눈앞에 나타나는 것을 느끼곤 한다. 계산대의 점원이 삐비빅삐비빅 소리를 내며 셀로판테이프를 당기고 있다. 천천히 달라붙는 테이프, 탱글탱글한 뽁뽁이, 기묘한 침묵. 기다림이란 대체 무엇일까. 계산대 앞에 한참 서서 발의 아픔을 느끼며 '뭐야, 꽤 재밌는 질문이었구나.'라고 질문에 말을 걸어본다. 질문은 서서히 오랜 시간을 들여 내 눈앞에 다시 떠오른 것이다.

"그렇게 생각해주기를, 계속 기다려왔어."

보글보글 소리를 내며 질문이 말했다.

;

이제
그만하자

늦은 밤 텔레비전에서는 퀴즈 프로그램만 나왔다.

지리, 수수께끼, 퍼즐, 역사, 어려운 한자, 인기 순위 예상하기. 잠자리의 눈은 몇 개? 튀르키예의 수도는? 빈칸에 들어갈 글자는? ○일까, ×일까? 답변자는 제한 시간 내에 맞히기 위해 안달하듯 몸을 앞으로 숙이고, 눈을 크게 뜨고, 어깨를 들먹이며 숨을 쉬었다.

릴레이 형식으로 답하는 프로그램인지 제한 시간이 불과 몇 초 남은 순간 한 연예인이 마지막 차례인 여성에게 답변권을 넘겼다. 하지만 마지막 사람은 답을 모르는 모양이었다. 눈에서 빛이 사라지더니 온몸에 힘이 빠지고 정지해버렸다. 그는 아무런 답도 하지 않았다. 실패를 알리는 커다란 부저 소리가 났고, 그 여성을 둘러싼 다른 출연자들은 머리를 쥐어뜯으며 아쉬워했다. 나는 텔레비전을 끄고 머릿속에 울리는 커다란 부저 소리를 들으며 잠이 들었다.

아침에 일어나 연예 뉴스를 보는데, 스튜디오에 출연한 아이돌이 자신의 일화를 토로하는 중이었다. 그런가 보다 했는데 갑자기 "자, 문제입니다. 이 뒤에 무슨 일이 벌어질까요?"라며 화면에서 질문이 튀어나왔다.

칠칠맞지 못하게 입을 헤벌리고 잠이 덜 깬 머리로 멍하니 생각해봤다. 홀로 있는 방의 아침은 호숫가처럼 고요하고 쓸쓸하고 어딘지 낯설다. 스튜디오에 앉아 있는 사람들은 갖다 붙인 듯한 미소를 짓고 점점 줄어드는 시간을 알리는 소리를 들으며 서로 예상을 교환했다. "정답은 광고 뒤에!" 문제를 낸 아이돌은 공허하게 웃으며 포즈를 취했다. 전부 지나치고, 뭔가 부족한 아침이었다.

천천히 피를 흘려보내듯이 생각해보았다. 하지만 말과 말이 흩어져서 잘 이어지지 않았다. 아이돌이 누구였는지도 잘 생각나지 않았다. 라면, 제습제, 금융사. 이 뒤에 무슨 일이 벌어질까요? 이 뒤. 그 사람이 어떻게 될까? 된다. 된다는 건 무엇일까? 맥주, 햄, 손해보험. 된다, 한다, 존재한다, 있다.

정신이 들고 보니 이미 방송이 끝나 있었고, 결국 답이 무엇인지는 놓치고 말았다. 그 대신 어젯밤 퀴즈 프로그램에서 문제에 답하지 못했던 여성의 표정이 떠올랐다. 질문과 마주하고 온몸에서 힘이 빠져나가는 감각도. 이 문제를 아십니까? 당신의 비전은? 당신은 왜 태어났습니까?

중학생 시절 기말시험을 치르는데 정말 아무것도 알 수 없었던 적이 있다. 머릿속이 말과 숫자로 뒤죽박죽되어 내가 누구인지 여기가 어디인지도 알 수 없었다. 내가 무슨 질문을 받았는지도 몰랐다. 내 글씨인데 내가 쓴 게 아닌 듯했다. 몸의 내부에서 가슴으로부터 흥건하게 차가운 물이 흘러가는 듯한 느낌이 들었다. 걸쭉한 물이 복부로 떨어지고, 온몸으로 천천히 퍼져나갔다. 힘이 빠졌고 신기하게도 참을 수 없이 졸렸다. 질문은 내 앞에서 분산되었고, 전부 모호해졌다.
그래, 그건, 체념의 감각이었다.

어느 중학교의 1학년 학생들과 철학 대화를 했다. 주제는 '인간'이었고, 학생들은 특히 '본능'에 관해 이야기하고 싶은 것 같았다. 코로나의 영향으로 직접 얼굴을 마주 볼 기회가 없었기 때문인지 조금 어색한 분위기에서 대화가 시작되었다.

똑똑해 보이는 아이가 시원시원하게 식물과 바이러스를 비교하면서 자손을 남기는 것에 관해 이야기했다. "인간의 본능은 '늘어나고 싶다'는 게 아닐까요." 다른 아이가 그 의견에 반대하면서 점점 대화가 활기차게 진행되었다.

그렇지만 대화에 조금씩 불온한 분위기가 감돌았다. 누군가 "인간은 자손을 낳기 위해 태어나는 걸까?"라고 말했다. 내가 살아 있는 것도 자손을 남기기 위해서?

갑자기 아이들이 와악 소리를 질렀다. 싫어, 무서워, 무서워, 싫어! 예상 이상으로 큰 반응에 좀 놀랐다. 어른들의 철학 카페에서 "자손을 남기다."라는 말은 '다 그런 거지, 뭐.' 하는 짐짓 아는 체하는 태도와 함께 나오는 경우가 많기 때문이다. 소동 속에서 한 소년이 불안한 듯이 한마디 툭 내뱉었다.

"우리는 언제나 자손을 많이 낳아야만 하는 걸까."

"아." 하고 목소리가 새어버렸다. 열세 살 소년이 내 눈앞에 불안해하며 앉아 있었다.

태어난 순간부터 저출생에, 불경기에, 세금 부족이었다. 초등학생 시절 "이 나라의 미래를 위해 아이를 많이 낳아줘."라는 말을 들었던 게 뇌리를 스쳤다. 낳아라, 늘려라, 온 세상을 가득

채워라. 여성은 자기 고장으로 돌아가 아이를 많이 낳아주어야 합니다. 만듭시다, 생산합시다. **너희는 낳아라, 늘어나라, 땅에서 무리를 짓고, 땅에서 늘어나라!**

"사회는, 공동체는, 반드시 계속되어야 하는 건가요." 누군가가 어딘가에서 했던 말이 되살아났다. 언제였는지, 누구의 말이었는지도 기억나지 않는다. 그저 생생한 목소리만이 귀에 들러붙어 있다. 낳아라, 늘려라, 온 세상을 가득 채워라. 만드세요, 계속하세요, 영원히.

학생들이 다시 싫어, 무서워, 하며 소란스러워졌다. 왜 무서운 거냐고 물어보며 함께 생각하려 했다. 감정만이 목적지는 아니다. 그 감정 이면에도 반드시 제각각 이유가 있다. 한 사람이 손을 들고는 어떻게 말할지 고민하며 이야기했다.

"인간이 살아가는 목적이 번식이라면, 모든 것이, 지금 여기서 얘기하거나 생각하는 것들이 전부, 전부 쓸모없다는 거예요."

쓸모없다, 전부 쓸모없다! 까불대는 소년이 그 말을 듣고 크게 소리쳤다. 그는 쓴웃음을 짓고 손을 크게 흔들며 내게 제안했다. "선생님! 생각해봤자 허무해지니까 이제 그만하죠!"

까불대는 학생의 말투에 다른 학생들이 한꺼번에 웃으며 그를 바라보았다. 그는 "진실을 알면 허무하니까."라고는 깨달았다는 듯한 미소를 지으며 털썩 의자에 기대앉았다. 몇몇 학생은 집중력이 끊겨서 자기들끼리 수다를 떨기 시작했다. 하지만 누군가 외쳤다. "아니야!" 어? 이건 내 목소리잖아? 왠지 뒤늦게 깨달았다.

기다려, 절망하지 마, 아냐, 아냐, 생각하자, 아직 몰라, 아직 모른다고! 어느새 나는 소동 속에서 목청을 돋우고 있었다. 무서워, 싫어, 그렇게 생각하는 이유는 무엇일까. 그렇게 생각한다면 어딘가가 다른 거야, 그렇지 않은 방법은 없을까, 그렇지 않은 방법이 있다면 그건 무엇일까. 생각하고 싶어. 무언가에 이끌리듯이 나는 목소리를 높였다.

애초에 본능과 인간의 가치는 서로 상관없어. 아직 많이, 엄청 많이 생각할 게 있어. 아직 모르니까, 진실이란 금방 밝혀질 리 없으니까, 어떻게 될지 모르니까.

허무함과 체념에 굴복하게 하는 듯한 질문이 있다. 우리는 번식하기 위해서 태어난 거야? 우리의 가치는 생산성으로 매겨지는 거야? 나는 살아가도 될까요, 나는 이대로 괜찮은 걸까요? 자손을 남기지 않으면 안 되나요? 인간의 본능이 자손을 남기는 것이라면, 인간의 가치는 자손을 남기는 것으로 결정되나요?

인간에게는 숭고한 가치가 있고, 각자 사명을 지니고 태어난다고 믿으려는 건 아니다. 삶 그 자체가 가치 있는 것이라는 언설도 넘쳐나는데, 잘 알고 있고, 맞는 말이라고 생각한다. 그리고 그런 질문들에 답하는 일종의 '답'도 잔뜩 있다. 생물학적인 답도 있고, 사회학적인 답도 있을 것이다. 하지만 그 질문들은 결국 내가 생각할 수밖에 없는 것들이고, 그로 인해 나는 상처입을 수밖에 없다.

우리에게는 질문이 있다. 때로는 어이없고, 때로는 골머리를 앓고, 주룩주룩 눈물을 흘릴 것 같은 질문이.

언제까지 계속 일해야 하는 건가요?
사람을 사랑한다는 건 무엇인가요?
보통이란 뭔가요?

나는 태어나도 괜찮았던 걸까요?

하루하루는 내게 탐구의 쾌감과 고통을 가르쳐주었다. 모르는 것이 점점 늘어났고, 이해한다고 생각했던 것은 외려 허물을 벗듯이 틈새를 보이며 전혀 모르는 것으로 변해서 다가왔다. 우리는 넘어지면서도 질문의 답을 찾으려고 계속 달린다.

그렇게 달리다 보면 언젠가 지치게 마련이다. 딱딱한 땅에 무릎을 꿇고, 몸 어디에서도 힘이 솟지 않는다. 손가락 하나 꼼짝할 수 없어서 땅바닥에 쓰러지고 만다. 그러면 천천히 체념이 다가온다. 체념은 밖에서 오는 것이 아니다. 내면의 깊은 곳에서 조금씩, 조금씩 나타난다. 배 속이 차가워지고, 까무룩 졸음이 쏟아지며, 세계에 짙은 안개가 끼는 게 느껴진다.

그럴 때에도 질문은 그림자처럼 내 곁에 있다. 그 순간 깨닫는다. 질문은 때로 나를 고통스럽게 하지만, 때로는 나를 격려해주는 존재라고.

체념이 나를 먹어치우려 하는 순간, 질문은 나를 걱정스럽게 들여다본다. 도저히 모르겠어서 내팽개치고 싶을 때, 성급하게 답을 내버리고 싶을 때, 질문은 말한다. 아직 몰라, 아직 모르는 거야.

질문은 연령도 소속도 시대도 뛰어넘어 전혀 모르는 우리를 서로 연결해준다. 노동에 지쳐 녹초가 된 몸을 전철 좌석에 기대고 있는데, 문득 열세 살 소년의 질문이 눈앞에 나타났다. 그와는 한 번밖에 만나지 않았지만, 같은 달을 올려다보듯이 같은 질문을 생각할 수 있다.

그렇게 질문 때문에 쓰러질 듯해도 질문과 함께 계속 살아가는 것, 그것을 나는 철학이라고 부르고 싶다. 철학의 역할은 익숙해진 세계를 분쇄하고 놀라움을 주어 삶을 불안정하게 하는 것만이 아니다. 숨을 헐떡이며 땅바닥에 쓰러져도 된다. 불안에 떨며 골머리를 앓아도 된다. 그러면서도 사람들과 함께, 질문과 함께 살아가기를 멈추지 않는 것이 철학이다.

오늘 밤에도 텔레비전에서는 퀴즈 프로그램이 나오고 있다. 제한 시간이 얼마 남지 않았는데 답변석에서 비키지 않고 계속 질문에 달라붙어 애쓰는 사람이 있다. 주변에서는 "패스해! 패스!"라고 외친다. 하지만 그는 머리를 쓰며 그 질문을 포기하지 않고 생각한다.

언제까지나, 언제까지나, 그는 생각하고 있다.

;

기도하다

무더운 날이었다. 교실 안은 덥고 습한 공기가 가득해 몸서리가 날 정도였다. 그들이 전혀 바라지 않았던 '철학' 시간은 그 불쾌함을 더욱 부채질하는 듯했다.

질문은 타성적으로 결정됐다. '왜 학교에 가야 할까?'라는 딱히 누구도 궁금해하지 않는 것 같은 주제가 어쩌다 보니 정해졌다. 나는 낯선 남자 학교에서 철학 대화를 진행하는 데 당황하면서도 학생들과 함께 둥글게 앉아 조심조심 대화를 시작했다.

'학교에 가고 싶은 놈은 가면 되고, 가기 싫은 놈은 안 가면 그만이다.' 학생들은 이런 말을 번갈아서 반복했다. 폐 속으로 들어오는 공기는 축축하고 불쾌하게 뜨거웠지만, 그럼에도 우리의 손발은 싸늘하게 식은 것 같았다.

"맘대로 하면 돼. 가기 싫은 놈은 안 가면 되잖아. 그놈의 선택, 그놈의 자유니까." 누군가 차가운 목소리로 되풀이했다. 물이 마시고 싶었다. 왜 학교에서는 수업 중에 물을 마시면 안 될까. "자기 일은 자기가 결정하잖아. 자유니까. 맘대로 하면 돼." 아아, 더워, 짜증 나네. 자유, 자유, 자유, 멍해지는 머릿속에서 학생들의 낮은 음성이 메아리쳤다. "자유야, 자유. 그 때문에 힘들어져도 자기 책임이고." "맞아, 그렇지. 그런 건 이제 자기 책임이지." "자기가 선택한 거니까 학교 빠져서 무슨 일이 생겨도 자기 책임이야."

땀에 흠뻑 젖은 등, 찌는 듯한 습기. 하지만 너무 추웠다. 춥고, 춥고, 메말랐다. "뭔가 사정이 있어서 학교에 못 간다고 해도?" 나는 바싹 마른 목으로 뜨거운 숨을 토하며 말했다. "맞아요, 어쨌든 선택한 건 자기니까. 고생해도 자기 책임." 내 질문에 답한 학생의 하얀 교복 셔츠가 반짝반짝하며 눈에 들어왔다. 다림질을 한 하얀 셔츠. 번쩍이는 학교 휘장.

그들은 푹푹 찌는 듯한 교실에서 몸을 긴장시키고 있었다. 계속, 계속, 오랫동안 얼어붙어 있었던 것처럼 몸을 찌부러뜨리고 같은 말을 반복했다.

이를테면 나는 술자리를 시작하는 순간에 지하철 앱으로 집에 돌아가는 길을 검색하는 인간이었다. 관계를 맺는 데 항상 소극적이라 어떤 자리에서든 내 존재를 뺄셈하는 것이 특기였다. 상대방의 자유를 존중하는 동시에 내 나름 배려하는 셈이기도 했다.

철학 대화 활동가나 철학 연구자와 만나면 "예전부터 생각하는 걸 좋아했다."든지 "이상하다고 생각하면 선생님한테 바로 말했다." 같은 이야기를 자주 듣는다. 하지만 나는 웬만한 일은 그냥 참고 넘겼고 생각하는 것 자체가 즐거웠던 적은 별로 없었다. 철학 대화는 내가 스스로 시작한 게 아니라 반쯤 강제로 참가했던 것이 계기였고, 다른 사람과 이야기하는 건 지금도 어렵다.

마지못해 철학 대화를 시작하고 얼마 지나지 않았던 무렵, 내가 몸담았던 대학교의 철학 연구회에서 철학 대화의 촉진자는 아무것도 하지 않는 그림자 같은 존재여야 한다고 한 사람이 주장했다. 실제로 그는 자신이 진행하는 대화에서 처음부터 끝까지 침묵을 지키다 시간이 되면 바로 대화를 끝냈다. 촉진자가 혼자 대화의 진행을 전부 맡지는 않는 게 사실이고, 대화를 너무 관리하는 것도 바람직하지는 않다. 그래서 촉진자가 개입하는 방식은 늘 논의의 대상이다.

그런데 다른 선배가 그의 주장에 "아뇨."라며 끼어들었다.

"자유를 존중하는 것과 무책임하게 방치하는 건 다르지 않나요."

내 심장을 꽉 붙잡힌 것 같아 흠칫했다. 내가 살아온 방식을 지적하는 말 같아서 피의 흐름이 두근두근 느껴졌다.

자유, 당신의 자유. 그 무서운 것.

흔히 '생각을 하면 사람은 강해진다.'라고 여긴다. 주체적으로 자기 결정을 할 수 있게 된다고 말하기도 한다. 대화를 하면 사람들과 협동하는 '힘'을 기를 수 있고, 사회에서 성공할 수 있다고 믿기도 한다.

철학 대화가 영 내키지 않는 학생에게 어른들은 "사회에 나가서 도움이 돼."라든지 "구직할 때 써먹을 수 있어."라면서 장려한다. 생각하는 것이 너를 성공으로 이끌고 안정을 손에 넣을 수 있다는 식으로.

막상 사람들과 모여 천천히 생각해보면 깨닫게 된다. 생각하는 것은 외려 약해지는 것이라고. 확고하던 자기라는 존재가 무르고 연약해져서 마음이 불안해진다. 안다고 생각했던 것이 타인의 반문으로 인해 알 수 없는 것이 된다. 익숙했던 것이 이리저리 구불구불하다가 불가사의한 것으로 변모한다.

대화를 할 때 그 주체는 외려 모호해진다. 나는 뭘 말하려고 했지, 뭘 생각하고 있는 거지. 합리적으로 생각하려 할수록 오히려 그렇지 않은 생각이 두드러진다. 내가 이토록 생각하는 게 서투른 사람이었나, 하고 놀란다.

눈앞에 있는 당신이 질문을 한다. 질문을 받음으로써 비로소 나는 생각을 하게 된다. 생각지 않았던 말들이 줄줄이 입에서 흘러나온다. 눈앞에 떨어진 수많은 말들을 보면서 비로소 '아아, 나는 이런 걸 생각하고 있었구나.' 하고 깨닫는다.

입에서 흘러나온 말들 중에는 낯선 것도 많다. 그래서 이 생각은 나 혼자 찾아낸 게 아니라는 걸 알 수 있다. 이 생각은 대화하는 자리 덕분에 바로 지금 만들어진 것이며, 이 자리의 모든 사람이 함께 만든 것이다.

우리는 사람들과 함께 생각한다. 우리는 홀로 태어나서 홀로 죽지만, 이 세계에 불현듯 나타나 세계와 함께 살아가기도 한다. 세계와 맺는 끝없는 관계 속에서 타인의 영향을 받는다.

"저에게는 뭔가 명확한 주장이 없어요."라고 당신이 말한다. 자신이 없고 죄송하다는 표정으로. 그래서 철학 같은 걸 할 자격이 없어요, 철학 대화에 낄 자격이 없어요, 사회문제에 관여할 자격이 없어요, 이러면서 슬픈 미소를 짓는다.

그렇지만 누군가와 이야기하지도 않았고 무엇의 영향도 받지 않았으니 명확한 주장도 판단도 할 수 없는 게 당연하다. 애초에 우리가 혼자서 무언가를 명확히 손에 넣을 수 있을까. 이성적으로 판단하고 선택하여 앞으로 나아가는 강한 힘이 항상 우리에게 있었을까. 사회는 이런 의문을 용납하지 않는다. 더욱 주체적인 생각을. 더욱 타인과 협동하는 힘을. 원활히 소통하는 능력을. 이 불안정한 시대에서 '생존할' 힘을. 스스로 생각하고 행동하여 책임을 지는 강한 개인을. 자립하여 무엇에도 기대지 않고 쓸데없는 걸 쳐내며 효율적으로 잘 살아가는 기술을. 언제까지나 쉬지 않고 달릴 수 있는 강인한 육체를.

우리는 각자의 방식으로 자신의 인생에서 꿋꿋이 살아남는다. 하지만 살아남는 것이 목적이 되면 삶은 그 순간 경주 같은 양상을 띠게 된다. 경주의 끝을 알리는 나팔은 결코 울리지 않는다. 우리가 들을 수 있는 것은 경주에 참가하든 참가하지 않든 모두 당신의 자유라는 말뿐이다. **그렇다. 자유인 것이다. 이토록 멋진 자유!**

질문이 되지 않는 물음을 떠안고 망연히 있던 10대 시절, 이 세상에 '생각하다'라는 것이 있다는 사실을 알았다. 그것의 이름은 '철학'이었고, 사람들이 전혀 의문을 품지 않는 것에 새삼 질문을 던져도 괜찮다고 하는 모양이었다.

헌책방에서 찾은 먼지투성이 책에 철학이 쓰여 있었다. 나는 그 책을 아무도 없는 학교 휴게실에서 읽었다. 기묘한 말 같겠지만 나는 그때껏 내가 '생각하다'라는 것을 해도 되는 줄 몰랐다.

지나가던 선생님이 "어, 누가 있었네."라고 중얼거렸다. 선생님은 "전기세랑 난방비가 아까우니까 책은 교실에서 봐."라고 했다. 나는 "네."라고 건성으로 답했다. 내 대답에 만족한 선생님은 전등과 난방을 끄고 휴게실에서 나갔다.

넓은 휴게실은 고요했다. 문에서 찬 공기가 흘러 들어와 내 몸을 차갑게 식혔다.

그렇지만 나는 춥지 않았다. 오히려 손가락 끝의 구석까지 열기가 돌아오는 것을 느꼈다.

생각했다. 내 인생에서 이미 결정되었고 진짜라고 믿었던 것에 '정말이야?'라고 질문을 던져도 되는 거구나. 놀라웠다. 정체 모를 누군가나 무언가가 죄다 결정해버린다 해도 나는 그 결정에 저항할 수 있는 거구나.

전등이 꺼지고 문이 닫힌 어두컴컴한 휴게실에서 나는 누구보다 자유를 느꼈다. 어떤 권한도, 역할도, 계속 휴게실에 머물 권리조차 없었지만, 나는 자유로웠다.

내 인생이 작은 손바닥 안으로 돌아온 것 같았다.

그것은 정말로, 정말로, 무르고 불안정한 자유다. 강하고 합리적이며 전부 스스로 결정하여 실현하는 주체의 자유는 결코 아니다. 열일곱 살 고등학생이 손에 넣은 자기 생의 뚜렷한 느낌과 혼돈으로 가득한 자유다.

그렇기 때문에 사람들과 함께 생각하는 자리에서 '당신은 당신이고, 자유롭게 하세요.'라는 식으로 아래만 보지 않는다. 상대가 더욱 자유로워지도록 상대에게 마음을 쓴다. 내가 더욱 자유로워지도록 나에게 마음을 쓴다. 함께 생각하는 행위 자체에 마음을 쓴다.

나는 내 인생을 스스로 선택할 수 있다. 그와 동시에 나는 타인과 맺는, 세계와 맺는 관계 속에서 생각을 한다. 양자는 대립하는 것 같지만 신기하게도 실은 흔들리면서 연결되어 있다.

나는 기도한다. 부디, 생각한다는 행위가 눈부시게 빛나는 주체의 확립만을 목표하지 않기를. 자기계발서와 신자유주의가 지향하는 군더더기 없이 효율적인 인간이 되는 지름길로만 철학이 이용되지 않기를. 그런 것들이 보여주는 세계는 달콤하기 그지없는 꿈이다. 언젠가 그 달콤함은 우리를 답답한 습기 속에 가둬 질식시킬 것이다.

누군가 이야기한다. 나는 응답한다. 한 사람이 묻는다. 다른 사람이 응답한다. 그 답을 계기로 다시 누군가 이야기한다. 나는 생각한다. 우리는 생각한다.

아름답고, 이해하기 어렵고, 불안정한 자유. 세계에 상처를 입고, 세계에 비웃음을 받고, 세계에 영향을 받으며, 세계와 함께 우리는 생각한다. 자그마하고 축복받은 자유를 위해 우리는 생각한다.

손
바
닥
크
기
의
철
학

;

폭발을 기다리는
우리의 일상에 대하여

스마트폰을 꺼내려고 핸드백을 들여다보았는데, 소지품이 달 걀찜으로 범벅이 되어 있었다.

지갑도.

맥북 에어도.

낡은 잡지도, 중요한 서류도, 아무튼 모든 것이.

달걀이다. 달걀 폭탄이다.

이유는 바로 깨달았다. 연구실에서 몰래 먹으려고 산 달걀찜 이 핸드백 속에서 터져버린 것이다. 나도 모르게 "왜?"라고 목 소리가 새어버렸다. 전철이 눈앞을 획 달려갔고, 역무원이 "하 얀 선 뒤로 물러서주세요."라고 말했다.

어쩔 줄 모르다 일단 잡지를 꺼내봤는데, 잡지에는 은행이 찰싹 달라붙어 있었다. 손가락으로 잡아떼어 보니 '철학'이라는 글자가 드러났다. 철학 연구. 내가 하는 일이다.

철학은 뭘 하는 건가요? 전공을 물어봐서 답하면, 반드시 이 질문이 돌아온다. "철학입니다."라는 답을 들은 사람들은 대체로 "처, 철학."이라고 한 차례 중얼거린 뒤 실례가 되지 않도록 궁금한 표정을 관리하며 "철학은 뭘 하는 건가요?"라고 물어본다. 그러면 철학 연구자들은 "네! 선험적인 능력으로서 순수 구상력이 산출하는 도식을 둘러싼 논의예요!"라는 등 기뻐하면서 자신의 전문 분야를 설명한다. 철학이란 대체 무엇이냐고 물었는데도 불구하고.

서점에 가서 철학 서가를 보면 사태는 더욱 악화된다.『순수이성비판』처럼 누가 봐도 철학 같은 책도 있고,『국가』처럼 지나치게 장대해서 결국 내용을 알 수 없는 책도 있다. 그런가 하면『존재와 시간』『차이와 반복』『물질과 기억』등 마치 2인조 아이돌 같은 책도 있다. 그 바닥에서는 이름을 날렸을지 모르지만, 모두 잘 모를 책들이다.

철학은 많은 사람들에게 받아들여지지 않는다. 철학자는 괴짜를 자처하는 사람이라는 이미지가 있다. 어려운 용어를 늘어놓고는 혼자 흡족해한다고 말하기도 한다. 아니면 쓸모없는 일에 시간을 낭비한다고 비웃는다.

철학 용어가 어려운 건 사실이다. 이를테면 '순수오성개념'이나 '현상학적 환원' 같은 것들. 하지만 나는 다른 분야도 비슷하지 않은가 생각한다. 금융계에서 일하는 친구가 "소개하고 싶은 사람이 있는데 '빈 슬롯' 있어?"라고 메일로 물어봤을 때, 나는 '빈 슬롯'이 '빈 시간'인 줄 모르고 친구가 도박에 빠졌나 생각했다.

전문 용어는 일이 원활하게 진행되도록 돕는 도구일 뿐이다. 철학자가 수백 면을 할애해 설명한 것이 '초월론적 통각'이라는 한 마디로 끝나니 얼마나 편한가. 용어가 어렵다는 이유로 철학에 벽을 느끼는 사람이 있다면, 전문 용어는 요즘 젊은이들이 '정신이 매우 고양된 상태'를 '찐텐'이라고 하는 것과 비슷하다고 이해하길 바란다.

전문 용어란 그 정도인 것이다.

철학은 의외로 단순하다. 철학이란 '왜냐고 묻는 것'이기 때문이다. 그래서 학문이라기보다 행위나 일이라고 표현하는 게 적절할지도 모른다.

어느 철학자는 철학을 하는 것의 근원에 '경이와 회의와 상실의 의식'이 있다고 했다. 사람은 놀랍거나 괴로운 일을 겪으면 자연스럽게 '왜?'라고 의문을 품는다. 간단히 말하면 "뭐?(경이) 진짜?(회의) 너무해.(상실)"에서 철학이 시작되는 것이다. 이렇게 생각하면 우리는 생각보다 간단하게 철학을 할 수 있을 것 같다.

그러니 질문은 딱히 고상할 필요가 없다. '왜 사는 걸까?' '왜 세계는 존재할까?' 같은 질문뿐 아니라 '왜 퇴근했는데 회사 사람들과 메신저로 연결되어 있어야 할까?' '왜 사귀는 사람이 있고 행복한데 바람을 피우고 싶을까?' 하는 질문도 좋다. 달걀찜의 폭발조차 철학이 시작되는 신호다.

게다가 철학은 뜻밖에 나를 도와주기도 한다. '왜?'라고 묻는 것은 당면한 문제와 나를 떼어주기 때문이다. 사람은 괴로울 때 정작 자신이 무엇 때문에 고민하고 있는지 모르는 경우가 많다. 막연하고 설명할 수 없는 떨떠름한 감정이 신체를 좀먹는다. 괴로움은 바로 옆에 바싹 붙어서 그 모습을 보기 어렵다.

'왜?'라고 질문을 하면 괴로움을 일단 내 눈앞에 앉혀놓을 수 있다. 그러면 괴로움이 어떤 모습을 하고 있는지 알 수 있다. 확인할 수 있다. 찬찬히 관찰하면서 음료라도 내어주자. 빨리 내게서 떨어져 돌아가라고 설득해도 좋고, 그대로 함께 생활하는 것도 의외로 재미있을지 모른다. 적어도 정체 모를 불안감은 좀 가실 것이다.

우리는 언제든 '왜?'라고 질문하면서 철학을 시작할 수 있다. 이 글을 쓰면서 그날 달걀 폭탄이 성대하게 터졌던 가방 속을 떠올린다. 나도 모르게 입에서 새어나온 "왜?"라는 말도. 잡지에 달라붙었던 은행의 색도.

어쩌면 우리는 자신의 의지로 철학을 시작하기보다 '무언가에 의해' 시작하는 경우가 많은지도 모르겠다.

일상은 철학의 기폭제로 가득하다.

;

외침

시계가 무섭다. 다들 그렇게 무서운 걸 잘도 손목에 차고 다니는구나 싶다. 내가 다닌 중학교에서는 손목시계를 차라고 장려했는데, 나는 째깍째깍 움직이는 초침이 무서웠다. 내가 전혀 모르는 곳에서 미래가 들이닥친다니, 도무지 영문 모를 일이라 무서웠던 것이다.

나는 텔레비전을 본방으로 보기보다 녹화해서 보는 걸 좋아한다. 방송의 맨 처음으로 휘리리릭 돌아가다 보면 내가 시간의 비가역성을 뛰어넘는 것만 같다. 화면 속의 사람들은 기이한 춤을 추듯이 몸을 꿈틀거리고 시간이 되돌아간다.

'시간론'은 철학의 중대한 장르 중 하나다. 시간이란 무엇인가, 객관적인 시간이 존재하는가, 과거란 무엇인가. 수많은 철학자들이 수많은 논의를 펼쳤다.

나는 '시간이 흐른다'는 것에 대해 생각할 때, 초등학생 시절 조금 해봤던 텔레비전 게임을 떠올린다. 그리고 그 터무니없음에 정신이 아득해진다.

내가 컨트롤러를 조종하면 화면 속의 주인공이 움직였다. 아이템을 취하기도 하고 높이 뛰어오르기도 했다. 주인공은 내가 시키는 대로 해주었다. 왼쪽, 오른쪽으로 자유롭게 주인공을 움직이며 모험을 해나갔다. 그런데 몇 단계를 공략하고 다음 단계로 화면이 바뀐 순간, 사태가 급변했다.

갑자기 주인공이 맹렬하게 달리는 광차에 타고 있었던 것이다. 허둥지둥 점프 버튼과 뒤로 가기 버튼을 연달아 눌렀다. 하지만 주인공은 광차에서 내리지 않았다. 광차는 앞을 향해 무시무시한 속도로 달려갔다. 내게 허락된 일은 오로지 장애물을 피하기 위해 방향 버튼을 누르는 것뿐.

미래가 밀려든다. 이런 사태를 나는 그때 처음 눈에 보이는 형태로 이해했다. 과거로는 결코 돌아갈 수 없다는 사실도.

주인공은 제대로 방향을 잡지 못한 탓에 앞이 끊긴 선로로 나아가 결국 불바다에 떨어졌다. 내가 움켜쥐고 있던 컨트롤러는 땀으로 흠뻑 젖어 있었다.

한 가지 더 생각나는 일이 있다. 고등학교 2학년 때였다. 어느 날 한 수업에서 선생님이 문득 "내년 이맘때에는 대학 입시겠네."라고 했다. 선생님은 아마 '그런 것쯤 다 알아.' 하는 나른한 반응을 예상했을 것이다. 하지만 몇 초간 침묵한 뒤, 교실을 찢을 듯한 비명이 울렸다.

우아아악, 와아아악, 싫어! 수업 따위 안 할래! 수업 안 할래!

친구인 가요코였다. 책상을 꽉 붙잡고 발을 동동 구르고 있었다. 선생님과 반 아이들은 고등학생답지 않은 유치함과 광란에 눈을 크게 뜨고 놀랐다.

그 모습은 본 나는 생각했다. '지극히 당연한 반응이다.'

가요코는 다가올 미래를 마주하고 너무 무서워서 일단 '지금'을 소비하기로 한 것이다. '안 할래'의 대상은 '대입' 같은 막연한 미래가 아니라 '수업'이라는 '지금'이었다. '현재'를 낭비해서 너덜너덜하게 만들어버리면, 그만큼 미래가 희미해져서 보이지 않게 된다.

닳아서 해진 '현재'에 계속 머무르면 우리는 영원히 불로불사다. 추천 입학도, 면접이나 논술도, 정시 모집도, 우리를 침해하지 못한다.

몇 명이 소란 피우는 가요코를 무시하고는 단어장을 펼쳐서 자신의 미래를 위해 공부를 시작했다. 단어장에는 색색의 포스트잇이 붙어 있었는데, 노을빛이 반사되어 반짝반짝 빛났다. 그들은 '지금'에 수많은 점선을 긋고 둥글게 접어서 버리는 짓은 결코 하지 않는 것이다.

하지만 나는 가요코와 함께 마음속으로 외쳤다.

우아아악, 와아아악.

우리는 광차에 타고 있었다.

그 뒤 우여곡절 끝에 나는 대학교를 철학과로 진학했다. 많은 수업을 들었지만 결국 '시간'이란 무엇인지 알 수 없었다. 아무리 많은 말을 쌓아도 그 생생한 '시간'의 불가사의함을 전부 퍼낼 수는 없었다. 그 대신 나와 마찬가지로 무언가에 떨고 있는 사람을 발견했다. 왜 세계는 '있을까'. 왜 정신을 차려보니 나는 살아가고 있을까. 왜 죽어버리는 걸까.

우리는 곰팡내 나는 연구실에서 "무서워, 무서워."라고 말하면서 큰 소리로 웃었다. 모두에게 제각각 무서운 것이 있었다. 과거의 철학자들도 틀림없이 영문을 알 수 없는 세계와 마주하고는 절로 멍하니 멈춰 섰을 것이다.

철학은 무언가를 깊게 생각하거나 논리적으로 파고들며 사고한다. 하지만 그와 동시에 세계의 불가사의함에 그저 전율하며 말도 못 하고 멍하니 서 있는 것 역시 '철학'이면 좋겠다고 나는 바란다.

냉정하게 깊이 파고들며 사고할 뿐 아니라 때때로 세계의 터무니없는 불가사의함에 가요코처럼 그저 비명을 질러도 괜찮을 것이다.

횡단보도 앞에 유치원복을 입은 소년과 할아버지가 손을 잡고 신호를 기다리고 있다. 손자가 귀엽고 귀여운 나머지 그대로 녹아내릴 듯한 할아버지가 "가장 무서운 건 뭐니?"라고 물어본다. 두 사람을 둘러싸듯이 서 있는 소년의 부모와 할머니가 미소를 머금고 그 광경을 바라본다.

소년은 똑바로 앞을 볼 뿐 답이 없다.

"지진? 번개? 불? 아, 아니면 그건가? 할아버지?"

'할아버지일 리가 있나. 지금도 깨물어 먹기라도 할듯이 귀여워하는데.' 나는 그렇게 생각했지만, 아무래도 일본에서 무서운 것을 가리키며 쓰는 표현인 '지진 번개 화재 아버지'를 가르치려고 하는 것 같았다. 할아버지의 말에 소년의 부모도 웃음을 터뜨렸다.

앞만 바라보던 소년이 갑자기 크게 외쳤다.

"죽는 거야, 죽는 거! 가장 무서운 건, 죽음!"

카랑카랑한 외침이 횡단보도에 울려 퍼졌다.

얼어붙을 만큼 추운 겨울의 어느 맑은 날이었다.

죽는 거야, 죽는 거!

가장 무서운 건, 죽음!

;

나는 생각한다.
고로 나는 존재하여라

"만화가시죠?"

회사원을 대상으로 하는 강좌에 초청을 받은 적이 있다. 그때 한 남성이 그렇게 질문했다. 나는 아무 말도 안 나왔다. 왜냐하면 그 강좌는 '철학 수업'이었고, 나를 '철학 연구자'로 홍보했고, 그 선전을 보고 신청한 사람들이 그 자리에 왔을 것이기 때문이었다. 남자는 싱글싱글 웃으며 내 얼굴을 바라보았다.

"아뇨."라고 하면 이 사람은 실망할까. 슬퍼할까. 왜 나를 만화가라고 생각했을까. 만화가라면 어떤 작풍일까. 나가이 고*와

* 『마징가 Z』『데빌맨』『큐티하니』 등을 그린 일본의 만화가.

착각해서 이 자리에 온 걸까. 이런저런 생각을 머릿속으로 하다 보니 직업 같은 표면적인 것을 뛰어넘어 내가 누구고, 무엇을 하고, 어디서 왔는지도 알 수 없게 되었다. 마치 내 속에서 모든 소리가 지워진 듯했다.

멍청한 얼굴로 입을 다문 나는 끝없이 텅 비어 있었다.

사람은 자기 자신을 볼 수 없다. 이건 내가 어린 시절 스스로 밝혀낸 것 중에 '사람은 죽는다.' 다음으로 충격적인 사실이었다. 사람은 물리적으로 자신을 볼 수 없고, 사실 자기 자신에 대해 잘 알지도 못한다. 타인보다 타인인 사람이 바로 자기 자신이다. 그래서 자기소개를 하라는 말을 들으면 나는 '자기'란 무엇인지, 무엇을 소개해야 하는지 몰라서 눈에 띄게 허둥댄다.

초등학생 시절 '프로필 수첩'이라는 게 유행했다. 캐릭터들이 유달리 친한 척하며 던지는 질문(좋아하는 음식은? 좋아하는 사람은? 매력 포인트는?)에 아이들은 향기 나는 펜이나 금가루 섞인 펜으로 삐뚤빼뚤 답을 썼다.

프로필 수첩의 디자인은 다채로웠지만, 대부분 "나는 ○○○ 성격이고, 친구들이 □□□라고 불러!"라고 인쇄되어 있었다. □□□에는 각자 별명이나 그냥 이름을 적었지만, ○○○에는 거의 모든 아이들이 '밝은'이라고 쓴 게 재미있었다.

왜 아이들은 판에 박은 듯이 자기가 '밝은 성격'이라고 썼을까.

우리는 자기 자신을 잘 보지 못한다. 내 성격 같은 걸 초등학교 저학년이 알 리가 없다. 그래서 '밝은 성격'이라는 상투적인 문구에 기댄 것이다. 일상생활 속에서 '나는 참 밝아.'라고 돌아볼 일은 그리 없을 텐데도.

아니, 애초에 우리에게 '나'라는 것이 존재하긴 할까.

'나는 생각한다. 고로 나는 존재한다.' 철학자 데카르트가 남긴 유명한 말이다.

처음 이 문장을 보았을 때 나는 중학교 1학년이었다. 문장의 의미는 전혀 몰랐지만 왠지 큰 감동을 느꼈다. 그래서 그 무렵 어쩌다 우리 반에서 다시 유행하던 프로필 수첩의 '좋아하는 말'에 '나는 생각한다. 고로 나는 존재한다.'라고 적었다. 속담인 줄 알았다. 멍청했다.

자기소개도 제대로 못 하던 나는 '내가 존재한다고 생각하면, 나는 존재하는 거야.'라고 데카르트의 문장을 멋대로 해석하고는 그 문장을 나 자신의 표어로 삼으려 했다. 멍청했다.

그에 비해 고대 그리스의 철학자 소크라테스는 '너 자신을 알라.'라는 말을 표어로 삼았다는 모양이다. 대학생이 되어 철학과에서 그 사실을 알게 된 나는 소크라테스의 엄격함에 놀랐다. 시공을 뛰어넘어 내게 '자기 자신을 알라'고 지적하는 소크라테스는 그 무엇에도 휘둘리지 않는 확고한 자신, 사람이 알아야 하는 '나'를 지니고 있었던 것 같았다.

불현듯 친구가 "괜찮다고 말해줘."라고 메시지를 보내왔다.

그야말로 밝은 성격에 정신이 건전해 스스로 자신을 긍정할 줄 아는 친구였다. 하지만 그는 가끔씩 "천재라고 말해주세요." "응원해줘." "이제 틀렸어." 같은 메시지를 보내기도 한다. 그가 '평소에는 센 척하지만, 사실 내면은 약한 사람'이기 때문은 아니다.

정기적으로 호르몬 균형이 무너지기 때문이다.

성격이 아니다. 호르몬이다.

"내일 친구랑 내장*구이를 먹는 어렵고 까다로운 이벤트가 있어. 내 호르몬은 맛이 갔는데."

친구가 말했다.

---

* 일본어로 '내장 구이'는 '호루몬야키(ホルモン焼き)'라고 하며, 호르몬(ホルモン)과 발음이 동일하다. 발음이 같은 두 단어를 이용해 말장난을 한 것이다.

우리는 호르몬의 노예인 것이다.

나는 스스로 감정 기복이 별로 심하지 않은 사람이라고 생각한다. 항상 평온한 마음으로 있으려 하고, 싫은 일을 겪어도 의외로 잘 흘려 넘긴다. 하지만 지난주, 나는 소파에서 빨래를 뒤집어쓰고 오열했다.

이유는 꽃병에 꽂혀 있는 장미가 오른쪽으로 조금 치우쳐서.

양말 한 짝이 소파에서 툭 떨어져서.

소파에 앉은 채 리모컨을 잡고 싶지만 일어나야 손이 닿아서.

어째서 있는 것은 있고, 없는 것은 없는지를 몰라서.

분노하고, 오열하고, 울다 지치는 코스를 마친 다음 스마트폰을 잡고 앱을 실행했다. 호르몬 균형을 관리하는 '루나루나'라는 앱이 오늘 내 '점수'는 20점 만점에 3점이라고 알려주었다. '마음'이라는 항목을 터치하자 "주위 사람들에게 하는 언동에도 짜증이 묻어날 듯합니다."라고 적절한 조언이 쓰여 있었다.

이튿날, 나는 아무렇지 않은 얼굴로 빨래를 개고 일을 하러 나갔다.

호르몬에 지배당하는 나도 나일까.

나는, 대체, 무엇일까.

'너 자신을 알라.'라고 지적한 소크라테스도, '나는 생각한다.

고로 나는 존재한다.'라고 단언한 데카르트도, 정말 멋있다. 나는 '나는 생각한다. 고로 나는 존재하여라.'라고 중얼거리며 잠들 뿐이다.

울다 지친 밤, 나는 꿈을 꾸었다.

나는 소크라테스에게 프로필 수첩을 써달라고 했다. 그는 어려워하면서 오랜 시간을 들여 캐릭터의 질문에 답을 썼다. 한참을 기다려도 끝날 기미가 없었다. 기다리다 지친 나는 소크라테스 뒤에서 프로필 수첩을 훔쳐봤다.

'밝은 성격.' 수첩에는 그렇게 쓰여 있었다.

;

도덕을 뒤흔들어
미안해

교재를 깜빡하고 수업에 들어갔다. 교수님이 "91페이지를 펼쳐요."라고 했다. 나 외의 수강생들은 부스럭거리며 가방에서 교재를 꺼내고 책장을 펼쳤다. 나는 교재가 없었다.

아니, 조금 거짓말을 했다. 실은 교재를 사는 걸 깜빡하고 수업에 들어갔다.

그 책이 나와 전혀 관계없는 전문서적이었고, 면수도 극단적으로 적었고, 그런데도 가격은 3800엔이나 했고, 담당 교수님이 집필한 책이라서 사라는 것은 아닌지 의심스럽기도 했고, 그럼에도 서점에 가서 계산대에 가져갔지만 돈이 부족했고 등 이유는 많았다. 어쨌든 나는 교재를 갖고 있지 않았다.

이유가 아무리 많다고 해도 교재 없이 수업에 들어간 것은 수강생으로서 의무를 위반한 셈이다. 의무를 저버린 수강생이 할 수 있는 일이래야 교과서가 있는 척하거나 필기를 열심히 해서 학습 의욕을 드러내거나 둘 중 하나뿐이다.

"다음은 110페이지를 펼쳐요."라고 교수님이 말했다.

가방에 들어 있던 전단지의 뒷면에 '110페이지'라고 일단 적어보는데, 힐끔힐끔 나를 쳐다보는 시선이 느껴졌다.

옆자리에 앉은 남성이 걱정스럽다는 듯이 나를 보고 있었다. 교과서를 (내가 볼 수 있게) 오른쪽으로 조금 치우치게 두었다가 다시 원래대로 했다가 괜히 덮었다가 하면서 안절부절못했다.

그는 내게 교과서를 보여줘야 할지 말지 갈등하는 것 같았다. 그는 나와 아는 사이가 아니었다. 교수님의 목소리만 울리는 강의실에서 전혀 모르는 사람에게 "같이 보실래요?"라고 말을 걸려면 꽤 용기가 필요하다.

교수님이 교재를 소리 내어 읽은 지 약 3분 경과.

옆자리의 그는 말을 걸기는 너무 늦었나 하며 타이밍에 대해서도 고민하기 시작한 것 같았다. 이제 와서 어쩔 수 없다는 듯이 교재를 자기 품으로 끌어당겨 열심히 읽었다. 하지만 아무래도 마음에 걸리는지 다시금 내 얼굴을 힐끔거렸다.

나는 그의 언동을 피부로 생생하게 느끼면서 '도덕을 뒤흔들어 미안해.'라고 생각했다.

아마 그의 내면에는 곤란한 사람을 도와줘야 한다는 도덕이 있을 것이다. 하지만 그와 동시에 수강생으로서 의무를 저버린 사람을, 심지어 노트조차 없고 초면인 사람을 도와줘야 할까 하는 의문도 있을 것이다.

나는 미안한 마음이 극에 달한 나머지 나도 모르게 책상에 엎드려버렸다. 미안해, 착한 사람! 나는 수업 시간에 자는 학생이니까 말 걸지 않아도 괜찮아!

캄캄한 팔 속에 얼굴을 묻고 가만히 있는데, 내 왼쪽에서 문득 긴장이 풀리는 게 느껴졌다. 분명 그는 안심하고 수업을 들을 것이다. 이제 그를 괴롭히지 않아도 된다. 나는 멍하니 '이러면 된 거야.'라고 머릿속으로 중얼거렸다.

도덕적인 언동을 하는 사람은 아름답다. 길을 걷던 누군가가 무언가를 떨어뜨린다. 그 뒤를 걷던 남자가 머리보다 먼저 몸이 움직여서 떨어뜨린 물건을 줍고 주인에게 주기 위해 달려간다. 떨어뜨렸어요, 하고 건네주고는 이름도 밝히지 않고 그대로 자기 갈 길을 간다.

그야말로 아무 대가도 바라지 않는 행위! 벤치에서 그 상황을 지켜보던 나. 주룩주룩 눈물이 넘쳐흐른다. 저쪽의 신호등 없는 횡단보도에서는 끊이지 않고 길을 건너는 보행자들을 자동차가 기다리고 있다. 한 여성이 그걸 눈치채고 발을 멈춘 다음 자동차에 '가세요.'라는 듯이 신호한다. 운전사는 손을 들어서 고맙다고 하며 미소 짓는다. 그야말로 이해득실을 초월한 순수한 친절! 또다시 나는 주룩주룩 눈물을 흘린다. 같이 있던 사람이 아무리 그래도 너무 운다며 어이없어한다.

어느 윤리학 세미나에서 할머니에게 자리를 양보하는 행위가 화제에 올랐다. 교수님과 선배들이 열심히 논의했다.

"나가이 씨는 어떻게 생각해요?"라고 급작스레 질문이 날아들었다.

자리를 '양보'하는 행위를 왜 일부러 할까, 그럴 거면 애초부터 자리에 앉지 않고 타인이 앉을 수 있게 비워두는 게 낫지 않을까, 하는 생각을 어물어물 말했다. 나는 할머니에게 내 도덕적인 행위를 '보이는 것'이 부끄러웠다.

선배들이 "호."라든지 "흠." 하는 반응을 보였다. 머릿속으로 무언가 정리하는지 위를 올려다보는 후배도 있었다.

아니에요!

갑자기 날카로운 목소리가 울렸다. 교수님이었다.

그건 커뮤니케이션을 거절하는 거예요!
윤리적 공간으로 개입하는 걸 거부하고 있군요!

늘 온화하던 교수님이 진지한 눈빛으로 나를 바라보았다. 누구도 입을 열지 못했고, 팽팽하게 공기가 긴장했다.
교수님의 등 뒤에 있는 창문으로 움트는 신록의 냄새가 들어왔다.

처음 보는 사람과 커뮤니케이션을 하기란 어렵다. 가능하면 잘 아는 사람들과 함께 잘 아는 것을 공유하거나 나 혼자 무언가에 몰두하고 싶다. 하지만 떨어뜨린 물건을 주워준 남성도, 자동차에 통행을 양보한 여성도, 그들이 한 행위는 모두 타인과 하는 커뮤니케이션이었다. 타인과 관계를 맺으려 하는 강한 의지가 있었고, 아무런 대가를 바라지 않았다.
내게 교재를 보여주려 했던 그 역시―내게 관여하려 하는 방식으로―나와 커뮤니케이션을 했다. 도덕이 뒤흔들리면서도 나에게 관여하려 함으로써 나와 관계를 맺은 것이 아닐까.

그런데 나는 커뮤니케이션의 공간이 나타날 계기 자체를 싹둑 잘라버렸다. 전철의 좌석에 앉지 않고 출입구 옆에 몸을 웅크리고 있던 예전과 다름없이.

나는 책상에 엎드린 채 교재도 없이 수업 시간을 보냈다. 세미나에서 들은 교수님의 말을 머릿속으로 되뇌며 천천히 의식을 내려놓았다.

아니에요! 그건 커뮤니케이션을 거절하는 거예요!

점점 더 진해지는 신록의 냄새가 나를 감쌌다.

;

둥두둥둥두둥둥두둥

나는 세계에 잘 녹아들지 못하는 것 같다.

여러 가지가 커다랗다. 책상은 너무 높고, 의자에는 기어올라
야 한다. 화이트보드는 너무 커서 손이 닿지 않고, 패밀리 레스
토랑의 스푼도 너무 커서 입에서 비어져 나온다. 왼손잡이는 오
른손잡이에 맞춰 만들어진 사회에서 살아가며 받는 스트레스
탓에 평균 수명이 더 짧다고 한다. 세계에 녹아들지 못하는 나
도 빨리 죽을까.

아이들이 타고 가는 자전거에 자주 치인다. 작은 자전거는 결
코 빠르지 않다. 오히려 비틀비틀하며 천천히 정면에서 다가온

다. 눈도 똑바로 마주 본다. 아이는 나를, 나는 아이를 보고 있다. 그리고 천천히 치인다. 개한테도 종종 물린다. 횡단보도에서 신호를 기다리고 있으면, 작은 개가 왠지 내 발목을 덥석 문다. 주인이 죄송하다며 목줄을 당긴다. 나도 모르게 주인에게 죄송해요, 하고 사과해버린다. 귀여운 개는 송곳니를 드러내며 계속 내게 화를 낸다.

그런 일을 겪으면 침울해지기보다 '들켰다.'라고 생각한다. 아이도, 개도, 내가 세계에 녹아들지 못하는 걸 눈치챈 것이다. 정말 예리한 녀석들이다.

세계에 녹아들지 못하는 감각은 사회나 공동체에서 겉도는 감각, 즉 인간관계가 잘 풀리지 않는 감각과는 다르다. 세계라는 질서에 내가 제대로 들어맞지 않는 느낌이라고 하는 게 적절할지도 모르겠다.

'나는 나'라는 사실을 내려놓고 세계와 더욱 맞닿고 싶다.

그렇게 바랄 때 나는 종종 오른손으로 왼손목의 옆쪽을 문지른다. 내 신체를 둘러싼 윤곽을 지우개로 지우듯이. 윤곽이 지워진 손목 부분으로 나의 알맹이가 왈칵 흘러넘친다. 육체가, 색이, 감정이, 생각이, 콸콸 흘러나와서 나는 결국 단순한 한 줄 선이 된다. 선이 된다면 나는 세계와 동떨어지지 않고 느긋하게 부유할 수 있을 것이다. 그런 광경을 몽상하면서 푹 빠진다.

하지만 알고 있다.

그건 무리다. 나는 선이 될 수 없다.

심지어 그런 몽상은 대체로 심하게 긴장할 때, 중압감을 느낄 때, 무언가를 짊어져야 한다고 느낄 때 한다. 녹초가 된 몸을 끌고 만원 전철에 타서 창문에 비친 내 얼굴을 바라보며 손목을 문지른다. 내가 '나'일 필요가 있는데, 그게 제대로 되지 않는다. 어딘가 어긋나고 있다. '나'일 것을 요구받고 있는데, 나는 세계에서 미끄러져 떨어지고 있다. 사실은 내가 나라서 져야 하는 책임으로부터 도망치고 싶을 뿐인지도 모른다.

그와 반대로 무언가에 몰입한 사람은 굉장하다.

선이 되는 것과 몰입하는 것은 비슷한 듯하지만 실은 정반대라고 생각한다. 무언가에 최선을 다하는 사람의 내면은 '나는 나'라는 사실로 가득 차 있다. 생기가 넘치는 그 사람은 '나는 나'라는 사실로 인해 이 세계에 존재할 수 있다. 축구에 푹 빠진 그 사람, 그림을 그리는 그 사람, 연구를 하는 그 사람, 그들은 모두 자신을 잃어버릴 만큼 몰입한 듯이 보이지만, 실은 그렇지 않다. 그들은 결코 자신을 잃어버리지 않았다. 그들이 무언가에 몰두하기 때문에 그들 자신으로서 밝게 빛날 수 있는 것이다.

생활의 달인을 취재하는 프로그램에 출연한 사람들의 조용하되 뜨겁게 집중하는 날카로운 옆얼굴은 터질 듯한 에너지로 충만하다.

그에 비해 나는 자신을 완전히 내버리고 있다. 나는 그저 텅 빈 동굴 같고, 그 동굴로 세계가 좌르르 흘러들 뿐이다. '나는 나'라는 사실은 아예 없는 것이나 마찬가지다. 방송국에서 나를 밀착 취재하면 어떨까. 내 옆얼굴은 야무진 구석이라고는 없이 공허하고 괜히 기분 나쁠 것이다. 얼굴이라는 걸 어딘가에 떨어뜨린 달걀귀신처럼 비칠지도 모른다.

어느 날 정오가 조금 지난 무렵, 찻집을 나서니 북을 이용한 전통공연이 역 앞에서 펼쳐지고 있었다.

열다섯 명 정도가 붉은 의상을 입고 박력 넘치게 연주했다. 북소리에 마음이 설렌 나는 인파를 헤치고 마침 빈 공간이 있던 셋째 줄 근처에 슬며시 자리 잡았다.

연주는 최고였다. 강하고 날카로운 인상의 청년들이 기운 넘치게 북채를 휘둘렀다.

몸이 찌르르 진동하고, 격하게 감동했다. 머릿속에 끼어 있던 안개가 점점 걷히는 게 느껴졌다. 세계와 어긋난 것이나 시선 같은 것들은 전혀 문제가 아니게 되었다. 손목을 문지르지 않아도 나는 내게서 기분 좋게 빠져나갔다. 사고와 감정은 말의 형태를 띠지 않게 되었고, 둥두둥 둥두둥 둥두둥 둥두둥 둥두둥, 하는 소리만 울렸다. 이제 나는 북이었다.

불현듯 뒤에서 무언가가 들리는 걸 깨달았다.

뒤돌아보니 편의점 비닐봉지를 손에 든 아저씨가 입을 벙긋거리고 있었다. 가만히 귀를 기울여보니 아저씨는 "둥두둥 둥두둥 둥두둥 둥두둥 둥두둥."이라고 작게 속삭이고 있었다. 아저씨 역시 북이었다.

주위를 둘러보니 아주머니도, 남학생도, 어린아이도, 강아지도, 전부 북이 되어 있었다. 둥두둥 둥두둥 둥두둥 둥두둥 둥두둥, 하고 있었다.

그 옆얼굴들은 느슨하게 풀어져서 야무진 구석이 없지만 무척 행복해 보였다. 나도 아주 조금 안심하고 둥두둥 둥두둥 둥두둥 둥두둥 둥두둥, 했다.

;

목격

우리 사회에는 철학이 부족하다.

이렇게 한탄하는 사람이 있다.

확실히 우리는 허겁지겁 눈앞에 있는 일을 해치울 뿐, 자기 자신은 누구인지, 자기란 무엇인지, 왜 살아가는지, 그런 근본적인 생각을 멈춰 서서 하지 않는다. "너 자신을 알라."라고 기원전 고대 그리스의 철학자들이 말했지만, 그보다 내가 지금 알고 싶은 건 눅눅한 빨래 빨리 말리는 법과 절세하는 법, 쇼핑몰 포인트를 효과적으로 쌓는 법이다.

일상에 자극이 부족해. 이렇게 우울해하는 사람이 있다.

평탄하고 변함없이 그저 지금까지 했던 걸 계속 쌓기만 하는 날들은 지겨울지도 모른다. 그래서 사람은 롤러코스터를 타거나 페스티벌을 가는 등 가슴 두근댈 만한 체험을 찾아다닌다. 심지어 스릴을 맛보려고 범죄에 손을 대는 사람까지 있다.

철학도 자극도, 일상이나 사회생활과는 관계없는 것으로 여겨지곤 한다. 하지만 나는 굳이 말하고 싶다. 철학적이거나 자극적인 공간은 사실 일상 속에야말로 있다고. 외려 일상에 흘러넘친다고 해도 무방하다. 예를 하나 들면 '미용실'이 있다.

우선 "어떻게 하고 싶으세요?"라는 질문부터 철학적이다.

미용실에 들어가면 신기한 자세로 머리를 감겨주며 "가려운 곳은 없으세요? 더 헹구고 싶은 곳은 없으세요?" 하는 질문을 받는다. 그다음에는 머리 외의 신체를 가려주는 천을 두르고 커다란 거울 앞에 앉는다. 한껏 꾸민 미용사가 내 뒤로 와서 싱긋 웃으며 "어떻게 하고 싶으세요?"라고 친절하게 묻는다. 거울에 비친 얼빠진 내 얼굴을 보면서 생각한다. 나는 어떻게 하고 싶지? 어떻게 해야 할까? 나는 뭘까?

"어떻게 하고 싶으세요?"라는 질문은 '당신은 어떤 사람이고 싶나요?'라는 뜻인 동시에 '당신은 어떤 인생을 보내겠어요?'라는 뜻이기도 하다. 미용사의 대수롭지 않은 질문은 점점 확장되어 '어떻게 살아갈 것인가.' 하는 근본적인 질문으로 이어진다.

얼음처럼 굳어버린 내 옆에서 다른 손님이 유창하게 원하는 바를 전달한다. '나 자신을 알고 있는 사람'이거나 알려고 하는 사람인 것이다. "친구도 그렇게 하면 좋겠다고 해서요."라는 말도 들린다. 타인의 말에 제대로 귀 기울이는 사람이다. 대단하네. 옆자리의 미용사는 고개를 끄덕이며 손님의 말을 듣고는 "고객님의 머릿결을 생각하면 이런 것도 추천하는데요."라며 대화를 시작한다. 미용사는 고객의 인생을 함께 고민해주는 탐구자인 것이다.

철학이다. 철학이 벌어지고 있다.

미용실은 자극이 넘치는 공간이기도 하다.

상대방은 날붙이를 지니고 있다. 그 사실만으로도 꽤 자극적이다.

미용실의 또 다른 재미있는 점은 나, 거울에 비친 미용사, 거울에 비친 나, 이렇게 세 사람이 대화를 한다는 것이다. 내 얼굴을 바라보면서 거의 한 시간 동안 타인과 대화하는 경험은 일상의 다른 광경에서는 겪을 수 없다. 게다가 나는 왠지 모자 없는 우비 같은 걸 몸에 두르고 앉아서 꼼짝도 하지 않는다. 아무리 냉혹하고 잔인한 악당이라도 머리카락을 자를 때는 나처럼 얌전하게 가만히 앉아 있게 한다. 갓난아이처럼 따뜻한 물로 부드럽게 머리를 감겨준다.

자극이란 일상의 경험에서 거리를 두면 둘수록 생겨나는 것이다. 그러고 보면 미용실이라는 공간은 꽤 비일상적인 곳이다. 자기 자신의 얼굴을 거울로 계속 보는 것. 거의 한 시간을 움직이지 않고 타인과 대화하는 것. 타인이 내 머리를 감겨주는 것. "어떻게 하고 싶으세요?"라고 질문을 받는 것. 철학을 할 수밖에 없는 것.

미용사가 내 머리카락을 자른다. 투둑투둑, 나였던 것이 바닥에 떨어진다. 신기한 광경이다. 내가 변해간다. 나는 그 변화를 조용히 목격하고 있다.

어느 날, 미용사가 머리를 감겨주다 "무슨 일을 하세요?"라고 물어보았다. "철학이요."라고 답하자 그는 "네?"라고 작게 중얼거렸다. "그러시면…." 그는 손을 멈추고 말했다. "마음을 읽을 줄 아세요?"

그건 심리학 아니냐고 말하고 싶었지만, 비일상적인 자세 탓에 말이 잘 나오지 않았다. '철학'의 인지도가 낮은 건 사실이다. 내 설명이 부족했다. 하지만 얼굴에 올린 거즈가 간지러워서 설명할 수 없었다. 그 사이에 미용사는 내게 마음을 읽히지 않으려는 것인지 갑자기 과묵해졌다. 아네요. 마음은 못 읽어요. 오해예요.

문득 혹시나 하는 생각이 들었다. 헤어스타일을 결정하지 못하고 우물쭈물하는 내게 편안한 미소를 지어주는 미용사의 얼굴을 떠올렸다. 자극적인 비일상을 경험하는 나와 그런 체험을 제공하는 것이 일상인 미용사. 하지만 미용사에게도 손님과 만나는 것은 사실 꽤 스릴 넘치는 자극적인 경험일지 모른다.

;

그날 내 옆에 앉았던
아저씨에게

동네의 낡은 중국집에서 텔레비전을 보고 있는데 옆자리의 아저씨가 내 반찬인 자차이를 당연한 듯이 먹었다.

'뭐지?'

자차이는 간장 종지만 한 작은 그릇에 담겨 있었는데 2인분 치고는 너무 적었다. 나는 아직 두 입밖에 먹지 않았다. 두근거리며 옆자리를 살폈는데, 아저씨는 퇴근길의 회사원 같은 풍모로 이상한 점은 없었다. 멍하니 텔레비전을 바라보면서 아작아작 반찬을 씹었다.

마침 그때 텔레비전에서는 도널드 트럼프가 대통령에 취임했다는 뉴스가 소리 없이 흘러나오고 있었다. 기뻐하는 사람들과 기쁘지 않은 사람들의 얼굴이 화면 속에 보였다. 수많은 사람이 수많은 말을 하고 수많은 표정을 짓고 있었다. 중국집의 할머니도, 다른 손님도, 옆자리 아저씨도, 아무 말 없이 화면을 가만히 바라보았고 시간이 나른하게 흘러갔다.

추웠는지, 더웠는지, 날이 맑았는지, 비가 내렸는지, 기억나지 않는다. 유난히 밋밋했던 영상과 아작아작하는 맥 빠진 소리만 머릿속에 남아 있다.

'작용하다'라는 것에 관해 종종 생각한다.

전철에서 모르는 사람 옆에 앉는다. 그럴 때마다 내가 옆 사람의 운명을 바꿔버리지는 않을까 심하게 긴장한다. 가령 옆 사람은 중요한 시험을 앞두고 있고 실력으로는 여유롭게 합격할 테지만, 내가 옆에 앉는 바람에 전철 내 공기의 흐름이 바뀌어서 그에게 바이러스가 침투해 시험 당일 병에 걸릴지도 모른다. 아니면 중요한 생각을 하는 중이었는데, 내가 옆에 앉는 순간 집중력이 흐트러져서 무언가 혁신적인 아이디어가 사라질 수도 있고.

'작은 나비의 날갯짓이 태풍을 일으킬 수 있다.'라는 말이 있다. 이 세계는 생각지 못한 작용으로 가득하다.

의도하지 않은 사소한 거동이 커다란 사건을 일으키기도 하고, 반대로 역사적 사건이 금방 잊힐 법한 작은 사건과 연결되기도 한다.

방금 전까지 마신 캔커피를 버리려고 좀 멀리 돌아서 걸어갈 때. 수정테이프를 사려고 문구점에 들를 때. 편의점에서 딸기맛이 아니라 포도맛 요구르트를 살 때. "아, 그렇구나."라고 친구에게 말할 때.

브라질에 있는 나비 한 마리의 날갯짓이 텍사스에 강한 회오리바람을 일으키듯이, 내가 생각 없이 한 행위가 옆 사람뿐 아니라 세계 전체에 영향을 미칠 수 있다. 때로 그런 터무니없는 생각을 하면 머리가 아득해진다.

우리는 무력하고, 무력하지 않다. 내가 외출하기만 해도, 손가락을 튕기기만 해도, 전등을 켜기만 해도, 세계가 달라진다. 나는 그런 걸 상상한다.

우리가 살아가는 사회에서는 매일같이 비참한 사건이 일어난다. 뉴스에 출연한 평론가의 말과 인터넷 뉴스의 댓글에는 범인을 향한 증오가 가득하다. 범인을 반드시 엄벌해야 한다, 절대로 용서하면 안 된다, 저 사람은 정상이 아니다, 이런 분노가 넘쳐난다. 나는 때로 그 말들에 고개를 끄덕이지만, 마음속 한구석에서 가책을 느끼기도 한다.

공범이 수억 명에 내가 그중 한 사람일 가능성 ―오카노 다이지

범인의 얼굴 사진이 뉴스에 나올 때마다 나는 이 시를 떠올린다. 내가 모종의 방식으로 사건의 원인 중 하나였다면. 나도 모르는 사이에 범인과 조용한 연대를 맺어왔다면. 우리 모두가 공범이라면.

원하든 원하지 않든, 나와 당신은 서로 공명하고 있다. 이런 걸 생각하면 역시 머리가 아득해진다.

그렇지만 행복한 상상을 할 때도 있다.

내 작은 행위가 파도가 되어 덴마크에 있는 청년에게 행복이 찾아들 수 있다. 브라질에 있는 노인에게 기쁜 일이 생길 수 있다. 더 나아가 말하면, 내가 글을 써서 어딘가에 있는 누군가의 세계가 조금 바뀔지 모른다. 그런 일들 역시 불가능하지 않다.

작용이란 불가사의한 것이다. 관계 역시 불가사의하다. 우리는 매우 개별적이고 고독한 동시에 믿기지 않을 만큼 친밀한 관계를 맺고 있다.

중국집의 할머니가 말없이 내 앞에 채 썬 돼지고기와 피망이 들어간 볶음국수를 퉁 내려놓았다. 텔레비전에서는 여전히 트럼프 대통령 취임과 관련한 뉴스가 나왔고, 나는 이 역사적 사건이 얼마나 복잡하게 많은 일들을 초래할까 상상했다. 할머니는 뒤이어 옆자리 아저씨에게 간 부추 볶음과 밥을 주었고, 조금 떨어진 자리의 남성에게 간 부추 볶음, 밥, 자차이를 주었다.

'뭐지?'

정신 차리고 보니 자차이는 완전히 아저씨의 구역에 놓여 있었다. 아니, 처음부터 자차이는 아저씨의 구역에 있었던 것 같기도 했다.

혹시 이거 아저씨의 자차이?

당연한 듯이 먹는다고 생각했는데, 애초에 아저씨의 자차이니까 당연하다는 표정을 짓는 게 당연했다. 트럼프의 뉴스에 정신이 팔려서 작은 그릇이 내 것인지 아닌지도 잊어버린 것이다. 설마 트럼프도 자신의 대통령 취임이 일본의 작은 마을에 있는 오래된 음식점에서 이런 하찮은 범행을 일으킬 줄은 꿈에도 몰랐을 것이다. 사과할 타이밍도 완전히 놓치고 말았다.

아아.

아저씨, 죄송해요.

그런데 혼자 카페에서 사죄하는 말을 타이핑하다가 상상한다. 혹시 이 말도 복잡하고 알 수 없는 관계를 거쳐서 닿을지 몰라.

그날 내 옆에 앉았던 아저씨에게.

;

인생의
배경음악

　고등학생 때였다. 족집게 같은 심리 테스트가 있다고 친구가 말했다.

　"일단 종이에 1부터 5까지 써봐."

　친구는 즐거워하면서 나를 포함한 세 명에게 지시했다. 우리는 들떠서 단어장이나 유인물이나 교과서의 여백에 숫자들을 적었다.

　"1과 3 옆에 이성의 이름을 써. 2 옆에는 나를 아는 사람의 이름. 4와 5 옆에는 머리에 떠오른 노래 제목. 이거 진짜 장난 아냐. 완전 족집게라니까. 다 적었어?"

　"아! 잠깐 기다려."

"바로 떠오른 걸 써. 고민하면 안 돼."

가방을 무릎에 올린 채 다리를 꼬고 어른스럽게 웃는 친구. 티 없이 웃을 줄 아는 그는 대학교에 들어가면 분명 인기가 많을 것이다.

"됐어? 그럼 답을 발표합니다. 1은 당신이 사랑하는 사람. 3은 사랑했지만 이뤄지지 않은 사람. 2는 행복을 가져다주는 사람!"

나 말고 두 사람은 와아아, 소리를 질렀다. 꺄꺄 하면서 자신이 쓴 답을 숨겼다. 최근 신경 쓰는 아이의 이름을 적은 듯했다.

"그리고 4는 사랑하는 사람을 상징하는 노래, 5는 당신의 인생을 상징하는 노래, 어때?"

갑자기 조용해져서 눈길을 돌려보니 친구들은 감동이 지나친 나머지 파랗게 질려 있었다.

사랑하는 사람과 인생을 상징하는 노래가 제대로 적중한 모양이었다. 애절한 마음 때문에 힘겨워하면서도 가련하게 상대만을 생각하는 가사가 자신의 인생 같았을까. 친구들은 "역시." 라든지 "대박…."이라면서 넋이 나간 듯 하늘을 올려다보았다.

참고로 나는 노래에 '카논'이라고 적었다.

요한 파헬벨의 카논.

가사 없는데.

인생에는 배경음악이 필요하다.

왜냐하면, 인생에는 의미가 필요하니까. 주제가 필요하니까, 이야기가 필요하니까.

매일 앞으로 나아가기 위해서는 인생에 깊이를 더해줄 말이 필요하다. 말을 음미하고, 이야기에 깊이를 주고, 주제를 잘 보며, 우리는 다시 살아간다. 곤란과 괴로움 앞에서 뚝 부러지지 않도록.

심리 테스트도 필요할지 모른다. 우리의 행위에 의미를 부여해주니까. 나는 아버지의 이름을 적었지만.

그로부터 10년 가까이 지났다. 친구들의 인생에 그때 적은 노래가 여전히 흐르고 있을까.

사실 카논을 좋아하지는 않는다.

졸업식 같은 행사장에서 들리는 그 느릿한 곡. 친구가 재촉해서 무심코 적어버렸지만, 그 곡이 나오기만 하면 안 그래도 거짓말 같은 행사장의 세계가 더욱 가짜가 되었다. 자리에서 일어났다가 앉았다가 하는 우리는 픽션을 연기하는 것 같았고, 강당은 유독 더욱 밋밋해 보였다. 뽀얗게 먼지가 앉은 교기, 미적지근하고 답답한 공기, 친구들이 입은 교복의 냄새, 조화 같은 꽃, 그리고 머릿속을 멍하게 만드는 느릿한 카논.

카논은 모든 것을 동등하게 만든다. 전부 가짜가 된다.

딴따라딴따라따라라라라라라라

딴따라딴따라따라라라라라라라

인생의 배경음악으로 삼기에는 의미가 너무 부족하다.

얼마 전, 상사가 요코하마의 오래된 바에 가서 찍은 영상을 보여주었다. 유흥업소들로 둘러싸인 오래된 빌딩에 자리한 그 바는 벽 한 면에 반짝반짝 빛나는 술병들이 줄지어 있어서 마치 수상한 박물관 같았다. 낡은 집기들, 반짝이는 술들, 고열에 시달리며 잠자다 본 꿈 같은 공간. 1950년대부터 있었던 곳답게 주크박스도 있었다. 그런 장소에서 항상 쾌활한 동료 A씨가 상사에게 드물게도 장래에 대한 고민을 토로하기 시작했다. 많이 괴로웠던 모양이다.

"진지하게 고민을 이야기했는데, 계속 어스 윈드 앤드 파이어Earth, Wind & Fire의 「셉템버September」가 나오는 바람에 전혀 심각하게 느껴지지 않았어."

상사의 말을 듣는 순간, 그 유명한 곡의 일부와 비현실적인 뮤직비디오가 눈앞에 떠올랐다. 컬러풀하고, 싸구려 같고, 우주의 외진 곳 같아 보이는 장소에서 다 같이 행복하게 춤추는 그 뮤직비디오. 엄청나게 밝지는 않지만 디스코 뮤직답게 신나는 곡이다. 확실히 인생 상담과는 어울리지 않았다. 심각함의 정반대에 있는 노래였다.

상사가 바에서 촬영한 영상을 보여주었다. 가짜 우주선 같은 테이블에서 A 씨가 진지한 표정으로 "꼭 돈이 있다든가 없다든가 하는 게 아니라…." 하며 말하고 있었다. 그 배경음악으로 엄청 크게 「셉템버」가 들렸다.

그 광경에 나도 모르게 웃어버린다. A 씨도 웃고 있다.

그들의 음악이 우리가 지나치게 의미 부여한 이야기를 날려버린다.

의미 따위 부여하지 않아도 돼, 여기에 의미 같은 건 없어.

음악만이 있어.

우리는 앞으로 나아가기 위해서라며 때로 지나치게 의미를 짊어진다. 자신이 만든 이야기에 삼켜질 것 같아서 눈물을 흘린다. 하지만 「셉템버」를 듣고 있으면, 끈적끈적하게 붙인 의미가 천천히 자연스럽게 떨어진다. 의미가 떨어지면, 우리는 그저 그 자리에 존재할 뿐이다. 그 자리에는 의미도 이야기도 없다. 그런 건 처음부터 없었어, 거짓말이야, 의미 따위 없어도 괜찮아.

그 곡은 모든 것을 동등하게 만든다. 전부 가짜가 된다.
하지만 그것은 기만이 아니다. 도피도 아니다.
세계란 처음부터 그랬으니까.

아니, 이렇게 어려운 걸 생각하지 않아도 된다. 「셉템버」는 몇 년이 지나도 명곡이고, 우리를 어딘가 먼 곳으로 데려가준다. 혹시나 내가 싫어했던 카논 역시 그럴지도. 가끔은 그런 곡을 계속 들어도 좋을 것이다.
그러니 도무지 어찌할 수가 없는 날.
「셉템버」를 틀고 인생을 춤추자.

;

믿는다

세상 돌아가는 게 너무 빨라서 머리에 펑크가 날 것 같던 날, 좌석이 여섯 개밖에 없는 동네의 오래된 써브웨이 샌드위치 매장에서 멍하니 시간을 보냈다. 밖에는 수많은 사람들이 걷고 있었고, 한 사람 한 사람이 모래시계의 모래알 같기만 했다. 그만 오가면 좋겠는데. 무언가가 또 모르는 사이에 전진해버릴 거야.

현기증이 일어날 만큼 변할 필요는 없지 않나 투덜대고 싶은데, 불현듯 예전에 외웠던 미나모토노 사네토모源 実朝*의 시가 생각났다.

---

* 13세기 초 가마쿠라 막부의 3대 쇼군에 올랐던 인물로 탁월한 시인이기도 했다.

이 세상 언제까지나 변치 않기를 해변의 어부가 당기는 고깃
배의 밧줄 더욱 간절하도다

이 시는 백인일수百人一首*에도 수록되어 있는데, 연애나 인간
관계를 노래하는 시가 대부분인 와중에 좀 이질적인 시다. '당
신'도 '그 사람'도 나오지 않는다. 사네토모의 말은 독백 같다.
찾아보니 다음과 같은 자세한 해설이 나왔다.

"이 세상이 영원히 변치 않았으면 좋겠다. 파도가 밀어닥치
는 해변에서 뭍으로 올라가려는 어부가 작은 고깃배의 뱃머
리에 매달린 밧줄을 잡아당기는 모습에 절실히 마음이 끌리
는구나."

이 시를 쓴 미나모토노 사네토모가 스물여섯의 젊은 나이에
암살당한 것은 널리 알려져 있다. 어릴 적에 본 역사 만화책에
는 사네토모가 정치보다 시에 푹 빠진 얼간이로 그려져 있었다.
그 만화가가 이 시에 삽화를 그린다면 가마쿠라의 해안에 얼빠

* 13세기 일본에서 만들어진 시집으로 그때껏 가장 뛰어나다고 일컬어
지는 시인 100명을 엄선하고 한 사람당 시 한 수씩 엮은 것이다. 지금도
일본에서는 백인일수를 이용한 놀이를 즐기고 있다.

진 얼굴로 드러누워 있는 사네토모를 그릴 듯싶다. 이 시에 대해 전쟁과 권력 다툼으로 피비린내 나던 가마쿠라 시대의 현실을 직시하지 않고 '평화가 계속 이어지면 좋겠다.'라며 생각 없이 어부나 본다고 해석하는 경우가 많긴 하다.

그래서 초등학생 때는 이 시가 좋은 줄 잘 몰랐다. '왜 영원과 밧줄이 관련 있는 거지?'라고 생각했다. 이 시를 좋아하게 된 것은 한 잡지에 실린 시인 고이케 마사요의 시 속에 다음처럼 해석되어 있었기 때문이었다.

내가 믿을 수 있는 것은
저 밧줄뿐이다

아아, 쓸쓸했겠구나.

권력을 쥔 호조北条 가문의 꼭두각시가 되어 시키는 대로 쇼군 자리에 앉았지만 주위 사람들은 차례차례 암살당했다. 시간이 자꾸 흘러갔고, 전쟁이 척척 준비되었고, 사람들이 계속 죽어갔다. 그리고 그 역시 형처럼 호조 가문에 의해, 어머니의 가문에 의해 죽을 것이다.

현기증이 일어날 만큼 모든 것이 변해가는 와중에 그가 신뢰할 수 있는 것은 어머니도, 신하도, 친구도 아니다. 작은 고깃배를 뭍으로 끌어당기는 이름 모를 어부뿐인 것이다.

사네토모의 시에 구체적인 타인이 등장하지 않는 것도 당연하다. 그에게는 '이 세상' 전부가 타인이었을 테니까.

그런 생각을 하는데, 매장 안에 명료하지 않았지만 빌리지 피플Village People의 「YMCA」가 흘러나와 어두운 휴일의 느낌을 더했다. 위키피디아에서 곡명을 검색했는데, '안무'라는 항목이 있었고 성격 좋아 보이는 백인 남성이 "Y! M! C! A!"를 부르며 하는 동작을 재현한 사진이 있었다. 쑥스러운 듯한 미소, "M!"을 할 때 옷 틈으로 드러난 배, 옛날이야기에 나올 법한 남자 뒤의 풍경, 그리고 왜 있는지 모를 불길한 검은 개. 누가 찍은 걸까.

세상은 어지러울 만큼 변하고 있다. 위키피디아도 엄청난 속도로 편집되고 있다. 정보가 넘치고, 사라지고, 다시 넘친다. 그런데도 「YMCA」의 '안무' 항목에서는 '이건 반드시 전해야 해!'라는 강력한 의지가 느껴졌다. 항목을 편집한 사람에게는 일부러 사진을 찍을 만큼 절대 빠뜨려서는 안 되는 중요한 정보였을 것이다.

우리는 타인이 '왜 굳이.'라고 생각할 만한 것을 소중히 여기기도 한다. 내게 '겨우 그 정도인 것'이 당신에게는 '이것만 있으면 되는 것'이기도 하다. 그것만으로도 살아갈 수 있다.

손바닥으로 쬐는

초봄의

햇살만 있어도

사람은 살아갈 수 있다

소박한

미풍처럼

나는 살아가고 싶다

당신을 잃는 날이 온다고 해도

누구도 원망하지 않겠다

미풍이 되어 건너갈 수 있는 수목의 벼랑을

안녕

안녕 하고

몰래 울며 나아갈 뿐이다

이토 게이이치伊藤桂一의 「미풍微風」*이라는 시를 떠올린다.

이 세상은 너무나 불분명하고 복잡하지만 손바닥으로 쬐는 초봄 햇살의 따스함만 있어도 우리는 살아갈 수 있다. 그렇게 불안하고, 기댈 수 없고, 미덥지 않은 것이라도 살아가는 보람으로

---

* 『新編伊藤桂一詩集』日本現代詩文庫 1999.—지은이 주

삼을 수 있다. 여기까지 생각했는데, 문득 떠올랐다.

오히려 사네토모는 '밧줄'처럼 사소한 삶의 보람으로도 나는 살아갈 수 있다고, 그렇게 소박하게 생각한 것 아닐까.

해안에 앉아 있는 그의 표정을 엿보고 싶다. 그는 한숨 쉬고 있을까. 미소 짓고 있을까. 절망하고 있을까. 아니면 살아가려 했을까.

그렇다면 내게 '밧줄'은 무엇일까. 거의 망가진 숫자 퍼즐, 문학책 몇 권, 단골 식당의 제일 좋아하는 메뉴일 것이다.

이 세상 언제까지나 변치 않기를 그 식당의 맛있는 라면 더욱 간절하도다

영 멋이 없네. 역시 사네토모는 대단하다.

;

비극

'비극'을 주제로 철학 대화를 한 적이 있다. 대부분 처음 보는 사람들과 '비극'에 관해 생각하는데, 누군가가 비극이란 '자기 마음대로 할 수 없는 상태인 것'이라고 정의해주었다. 확실히 그런 것이 비극 같았다. 책으로 읽거나 연극으로 본 비극에서는 신과 운명을 저주했다. 내 손으로는 더 이상 제어할 수 없기 때문이다.

세계는 매우 견고하기 때문에 이만저만해서는 무너지지 않는다. 그래서 비극에서는 무언가 충격적이고 극적인 일이 벌어진다. '칼로 찌른 증오스러운 적이 실은 친아버지였다!'라든지 '전쟁에서 조금만 더 있으면 승리하는데 소꿉친구가 목숨을 잃었다!'라든지.

비극은 조금씩 슬며시 다가온다. 점점 불온한 분위기가 감돌고 마침내 운명이 날뛰기 시작해 멈추지 않게 된다. 주인공은 발버둥 치며 어떻게든 운명에 저항하려 한다. 하지만 소용없는 노력일 뿐이다.

이런 생각을 사람들과 함께 했다. 대화를 마칠 시간이 되었고, 촉진자가 일어나서 화이트보드를 닦으며 오늘 비극에 관해 어떤 이야기를 했는지 간략하게 돌이켜보았다. 두 시간 가까이 생각하느라 지친 머리를 쉬고 있는데, 촉진자가 불현듯 중얼거렸다.

"뭐, 실은 인생 그 자체가 마음대로 안 되긴 하죠."

세계가 아직 내게 따뜻했던, '마음대로 안 된다'는 말조차 몰랐던, 초등학교 4학년 시절 어느 아침의 일을 쓰고 싶다.

차분하고 아름다운 아침, 눈을 번쩍 떴다. 모자를 쓰고 깃털처럼 가벼운 몸으로 학교에 달려갔다. 내 세계에 학교 말고는 없었고, 다른 것은 전부 희미했다.

교실에 가보니 친구들 몇 명이 먼저 와서 즐겁게 이야기를 하고 있었다. 나도 곧장 칠판 옆에서 장난치고 있는 친구 사키와 나쓰키에게 가세했다. 그 시절 내 세계에는 '수고 많으십니다.'도 '오늘 아침도 춥네요.'도 없었는데 어떻게 친구들의 대화에 끼어들었을까.

우리는 폴짝폴짝 뛰었다. 양손을 위로 들고 토끼처럼. 뭐가 재미있는지도 모르면서 우리는 진심으로 즐겁게 웃었다. 공기는 투명했고, 아침 햇살은 기분 좋았다.

사키가 깡총 뛰었을 때 반짝하고 빛나는 것이 눈에 들어왔다. 뛰어오를 때 셔츠와 스커트 사이에서 펜던트 같은 게 보였다. 초등학교에는 공부와 상관없는 물건을 갖고 있으면 안 된다는 규칙이 있었기 때문에 나는 "아!" 하고 놀랐다. 잘못을 나무라는 것은 아니었고, 비밀스러운 도구를 발견한 기분이었다.

나쓰키도 와 하고 목소리를 높이더니 "이거 뭐야?"라고 물었다. 사키가 보여준 펜던트 속에는 귀여운 웰시 코기 네 마리의 사진이 있었다. 커다란 웰시 코기, 그리고 아직 어린 웰시 코기. 가족인 걸까. 사키네 집에서 웰시 코기를 몇 마리 기른다는 건 학교에 널리 알려져 있었기 때문에 우리는 사진에 기뻐하며 사키의 스커트에 매달린 작은 펜던트를 들여다보았다. 나는 고개를 들고 "귀여워."라고 신난 목소리로 말했다. 그러자 사키가 조용히 말했다.

"실은, 아침에 죽었어."

"어?" 나는 작게 내뱉었다.

너무 충격을 받아서 그 뒤에 어땠는지는 기억나지 않는다.

다만, 무언가 쨍그랑 하고 깨지는 소리가 났던 건 생각난다. 내 말이 작은 유리 조각이 되어 친구를 찔렀다. 나도 잔뜩, 잔뜩, 찔렸다.

사키는 큰 소리로 울었다.

불시에 사람을 상처 입힐 수 있다는 것, 상처 입을 수 있다는 것. 상처 주었다는 사실에 상처 입는 것. 눈 깜짝할 사이에 사람도 망가질 수 있다는 것. 눈부시고 뚜렷했던 아침이 망가진다는 것. 세계가 간단히 무너질 가능성이 있다는 것.

"귀여워."는 딱히 짓궂은 말이 아니다. 우연히 내가 그 말을 했고, 우연히 펜던트에 반사된 아침 햇살이 반짝였고, 우연히 사키가 폴짝 뛰었고, 우연히 그날 아침 사키의 강아지가 죽었다.

경악스러운 우연성이 무서워서 나는 벌벌 떤다. 우리는 세계를 제어할 수 없다. 자신의 인생을 스마트폰처럼 다룰 수 없다. 확실하고 단단해 보였던 세계의 토대는 놀라울 정도로 연약했다. 소름 돋을 만큼 연약한 우연이 거듭되는 것을 사람은 '운명'

이라고 부르는지도 모른다. 운명의 원인은 신도 위대한 존재도 아니라 나 자신이다. 내가 뱉은 단 한 마디 "귀여워."인 것이다.

인생은 마음대로 되지 않는다.

그렇다면 인생은 비극일까.

그날로부터 수십 년이 지났다.

사키는 수의사가 되었다고 한다.

길에서 개를 보면, 격식 차린 가족처럼 앉아 있던 웰시 코기들이 눈앞에 되살아나서 사라지지 않는다.

;

양손으로
삽을 들고

첫사랑과 도덕은 양립하지 않는다.

철학은 아주아주 오랜 역사 동안 타인에게 끌리는 것, 그리고 사랑에 빠지는 것이란 무엇인지 고민해왔다. 사람을 이상하게 만드는 사랑. 내가 뒤흔들리고, 파괴되고, 갈려서 없어져버릴 듯한 경험. 이와 같은 위기를 '처음' 경험할 때 특히 이상해지는 것은 당연한 일이다.

예를 들어 자아를 유지할 수 없게 된다. 정체성을 알 수 없게 된다. 집중력이 사라지고 지나치게 흥분하기도 한다. 고층 건물에서 뛰어내려도 살아남을 것 같고, 상대의 사소한 언동만으로 바로 죽을 것 같기도 하다.

그리고 마침내 도덕이라는 것이 소멸한다.

그룹 다마시グループ魂라는 록밴드의 「러브 러브 엣사임 '82」라는 곡이 있다. 이 밴드는 극단 어른계획大人計画의 배우를 중심으로 구성되었고, 가사 대부분은 극단의 각본가가 쓰고 있다. 재미있는 노래가 많은데, 그중에서도 「러브 러브 엣사임 '82」의 가사가 굉장하다.

보컬이 경쾌한 박자에 맞춰 처음 연심을 품게 된 소년의 독백을 노래한다. 그런데 그 내용이 그야말로 자기 멋대로. 그는 정말 좋아하는 그 소녀와 조금이라도 가까워지기 위해 소녀의 할머니가 병에 걸리기를 바란다. 가능한 다가갈 수 있도록 소녀의 반려견이 실종되기를 원한다. 그는 소녀의 행복과 불행을 진심으로 기도하는 것이다.

사랑은 어째서 사람을 근시안적으로 만들까.

소녀와 겨우 몇 분 함께 있기 위해서 그의 반려견을 일부러 놓친다. 소녀에게 단 한 마디 말을 걸고 싶다는 이유만으로 그의 집안에 근심이 닥치라고 저주한다.

사랑은 눈을 멀게 하지만, 그와 동시에 우리에게 강렬한 힘을 주기도 한다. 사랑하는 사람과 만나기 위해 다리가 뻣뻣해지도록 걷기도 하고, 겨우 10분 말을 나누기 위해서 열차를 타기도 한다. 「러브 러브 엣사임 '82」 역시 소녀의 집 주위를 자전거로

빙글빙글 도는 장면부터 시작한다.

어느 밤, 친구와 메신저로 사랑하는 사람에게 '뭐든지 해주는 것'에 대해서 이야기했다. 항상 상대방을 생각하며 무언가 조금이라도 해줄 수 있다면 그게 뭐든지 행동해버린다. 사랑은 왠지 그런 걸 가능하게 한다.

마침 사랑 때문에 상태가 이상해진 친구는 "시체 묻기."라고 했다.

시체 묻기. 확실히 '뭐든지'의 궁극이다.

여기서 주의 사항은 '뭐든 해주는 것'을 반드시 상대방이 바라지는 않는다는 점이다. 더욱 정확하게 말하면 '내 생각에 상대방과 관계있어 보이는 건 뭐든 해준다.'인 것이다.

더 나아가 '시체 묻기'는 상대가 바라든 바라지 않든, 별로 상대를 위한 일이 아니다. 무슨 일로 누군가를 해치고 만 사랑하는 사람. 하지만 친구는 사랑하는 사람을 질책하지 않고 그 사람을 애틋하게 바라보며 함께 시체를 묻으러 간다.

헌신적이거나 자기희생적인 일이 아니다. 사랑은 사람을 근시안적으로 만든다. 사랑하는 사람만이 밝게 빛나고 그 외에는 칠흑이다. 그 외에 수많은 사람들과 자신의 행위는 전부 어둠 속으로 녹아 사라진다. 도덕을 비롯해 가장 소중할 수도 있는 사랑하는 사람을 향한 배려까지도.

그래서 전혀 헌신적이지 않다. 로맨틱하지도 않다. 상대방에게 푹 빠졌지만, 상대방을 위한 것이 아닌 일을 한다. 때로는 상대방의 불행까지 바란다. 기묘한 감정이다.

이런 생각을 하는데 뒤이어 친구가 메시지를 보내왔다.

"양손으로 삽을 들고."

귀여운 목소리로 꺄아아 소리 지르고는 사랑하는 이가 양손으로 삽을 휘두르며 땅을 헤집는 모습을 가만히 바라보는 친구를 상상했다. 그야말로 궁극적인 상황. 그런 와중에도 사랑하는 사람에게서 귀여움을 받으려 한다. 얼마나 갸륵한지. 얼마나 제멋대로인지.

땀을 흘리며 구멍을 파는 사랑하는 사람에게 친구는 포카리스웨트 같은 걸 건네줄까.

물론 이건 내 상상이고, 친구의 말은 농담이다. 하지만 수많은 사람들을 고민하게 하고 철학자들을 골머리 앓게 한 '사랑'의 불가사의한 일면을 잘 보여주는 것 같기도 하다.

사랑하는 사람을 존중하고 싶은데, 그 사람을 상처 입히려 한다. 사랑하는 사람과 사회 속에서 살아가고 싶은데, 사회를 보지 않는다.

사람을 원하는 것과 사람을 해치는 것. 이 두 가지는 표리 관계인지도 모른다.

얼마 전, 일하러 갔다가 친구와 만났다. 생각이 나서 이 이야기를 하자 친구는 "양손으로 삽 든다니까."라면서 한 손에 한 자루씩 삽을 드는 시늉을 했다.

어? 양손에 한 자루씩 들고 판다는 말이었구나.

내 머릿속에서 그린 이미지는 친구가 양손으로 삽 한 자루를 꼭 붙들고 황홀하게 사랑하는 사람을 바라보는 것이었다. 구멍 파는 모습도 멋있어, 하면서.

친구는 만족스럽다는 듯이 웃으면서 양쪽 어깨를 빙글빙글 돌리는 기분 나쁜 동작으로 땅을 파는 흉내를 냈다. 배구부에서 단련한 어깨인가. 믿음직하네.

그 자리에 함께 있던 상사가 의아한 얼굴로 "뭐 하는 거야?" 라고 물었다.

사랑을 하고 있습니다.

;

존재의
허락

편의점에서 나왔는데, 장대비가 내리고 있었다.

사람들은 아무렇지도 않게 우산을 쓰고 길을 걸었다. 빈손이었던 나는 그대로 나아가 횡단보도에서 신호를 기다렸다. 뻣뻣한 옷에서 물방울이 뚝뚝 떨어져 기분 나빴다. 구두도 축축해서 점점 추워졌다. 사람들이 거리에서 우산을 쓰지 않은 단 한 사람, 나를 보는 걸 깨달았다.

걷던 길을 되돌아 서둘러 편의점에 들어갔다. 바람 불면 망가질 듯한 우산을 사서 다시 길을 나섰다. 사람들은 '우산을 깜빡해서 지금 구입한 사람'으로 나를 보았다.

우산을 쓰고 걸으니 투둑투둑 비닐에 빗방울 떨어지는 소리

가 났다. 부드럽고 작은 우산에서 물방울이 잔뜩 떨어져 내 구
두를 더욱 적셨다.

사실, 우산은 필요 없었다. 나는 젖어도 상관없었다. '빗속에
서 우산을 쓴 사람'이 되기 위해서, 이 거리에서 내 자리를 찾기
위해서, 나는 우산을 구입한 것이다.

존재하기란 쓸쓸하다. 존재는 천연덕스럽다. 우리는 '그저 존
재하는 것'을 어려워한다.

대학원생 시절, 친구의 전시회를 보러 니혼바시를 걸어갔다.
빠른 걸음으로 지나치는 사람들이 모두 중요한 역할을 맡고 있
는 것 같아서 나는 마음이 무척 불안했다. 다들 훌륭한 사람 같
았다. 가치 있는 어엿한 어른 같았다. 반짝이는 구두, 새것 같은
정장. 모두 1년에 1억 엔은 벌 것 같았다.

10년도 전에 본 방송에서 코미디언 와카바야시 마사야스가
"분장실에서 페트병의 라벨을 열심히 읽는다."라고 한 적이 있
다. 그냥 앉아 있는 건 힘들지만 음료의 라벨을 보면 "라벨을 읽
는 사람이 될 수 있다"고.

"될 수 있다"는 말이 기억에 남았다. 그저 존재하는 것은 견딜
수 없다. 그래서 사람은 자신에게 무언가 역할이 있길 바란다.
아이디어를 내는 사람일 때도, 회의를 기록하는 사람일 때도,

짐을 옮기는 사람일 때도 있다. 혹은 우산을 쓴 사람일 때도, 라벨을 열심히 읽는 사람일 때도, 스마트폰을 만지작거리는 사람일 때도 있다.

그와 반대로 우리는 아무 역할도 없는 사람을 경시한다. 시선의 압력으로 그 사람을 찌부러뜨리려고 한다. 시선은 존재를 작게 만들 수 있다. 역할을 맡아, 쓸모 있어야 해, 하고 질책할 수 있다.

그렇지만 그런 질책은 저주의 주문이다. 그리고 주문을 거는 지팡이는 항상 부러져 있다. 주문을 외치고 마법을 걸면, 주변으로 퍼져 나가 자신도 저주에 걸릴 것이다. 저주는 순식간에 혈관을 타고 온몸을 돌아 자신도 죽일 것이다. 언제까지나, 언제까지나 저주를 흩뿌리며.

나는 얼마 전부터 '그저 존재하기' 운동을 시작했다. 전철을 타면 목적지에 도착할 때까지 그저 존재하는 사람이 된다. 거리에서도 길가에 앉아 아무것도 하지 않는 사람이 된다.

'말 걸어주기를 기다리는 사람'이 되어서는 안 된다. '약속 상대를 기다리는 사람'도, '멍하니 있는 사람'도, '피곤해서 쉬는 사람'도 되어서는 안 된다. 그게 아니라 나는 그저 존재하는 사람이 되고 싶다.

다른 사람과 눈이 마주친다. 그는 약간 놀라는 표정을 짓는다. 스마트폰을 만지작거리지도, 멍하니 있지도 않고, 그저 앉아 있는 사람이라는 건 기묘하다. 무언가 '되기'에 열중하지 않고, 존재 그 자체에 매달리는 것은 꽤 어렵다. 존재의 불안에 짓눌릴 것 같지만 나는 '존재하기'를 해본다.

장대비가 내리는 날 우산을 쓴 사람이 되지 않아도 괜찮다고 스스로에게 허락해준다. 눈앞의 페트병을 읽지 않아도 되도록. 엘리베이터 안에서 천천히 바뀌는 층수를 괜히 올려다보지 않아도 되도록. 쓸모 있는 것에만 가치가 있지 않도록.

이건 내 작은 사회운동이며, 저항운동이다.

3

네, 철학과 연구실입니다

;

죽기 위해
살아가는 거야

어느 시립초등학교의 6학년생들과 수업 시간에 철학 대화를 했다. 나는 조금 늦게 참가하게 되었는데, 이미 두 차례 정도 이쪽에서 제시한 질문에 관해 철학 대화를 했고 이번에는 아이들에게 미리 설문한 질문으로 철학을 한다고 했다.

대학원의 교수님과 선배까지 세 명이 갔기에 학급을 세 그룹으로 나누고 각각 원을 그리며 앉았다. 아이들은 이미 익숙해진 듯 의자를 옮기고 앉았다.

언제나 조용히 "나가이 씨."라고 말을 거는 진지한 교수님이 아이들 앞에서 "이분은 레이첼이라고 불러주세요."라고 진지하게 소개해주었다. 아이들이 깔깔거리며 자지러지게 웃었다. '별

명이 있어서 다행이야.'라고 생각했다.

소개를 마친 교수님은 안색 하나 바꾸지 않고 "오늘 질문은 '사람은 무얼 위해서 살아갈까?'예요."라며 여느 때처럼 말했다.

무거운 질문이라고 생각하는 사람도 많을 것이다. 하지만 초등학생에게 생각하고 싶은 질문을 물어보면 항상 '살아가는 의미'가 가장 많이 나온다.

첫 발언자는 "사람이 살아가는 의미 같은 건 없어!"라고 외친 소년이었다. 사실 "다른 사람에게 도움을 주기 위해서." "사람은 무언가 사명을 갖고 태어난다." 등 듣기 좋은 말이 나올까 싶었는데, 소년에게는 그런 겉치레는 집어치우라는 듯한 박력이 있었다.

그가 말을 마치자 주위 아이들이 "말했어!" "말했다!" 하며 소란스레 떠들었다. 아무래도 그 소년은 앞선 두 차례 철학 대화에서 한 번도 말하지 않은 듯했다.

소년은 발언한 다음 왜 이렇게 부조리하고 뻔한 걸 묻느냐는 듯이 의자에 등을 기대고 앉았다. 생각 없이 내뱉은 말이 아니라 살아가는 의미 따위 없는 삶에 대해 진심으로 화난 것 같았다.

화내는 소년에게 더 가르쳐달라고 부탁해봤다. 소년은 "어차피 언젠가 죽으니까."라고 말했다.

그래, 우리는 언젠가 죽는다.

초등학생 때, 사람이 왜 태어나는지 알 수 없는 게 무서워서 울었던 일이 떠올랐다. 그 두려움을 느낀 때는 사람은 언젠가 반드시 죽는다는 사실을 깨달은 것과 같은 순간이었는지도 모르겠다. 나는 죽어버릴 텐데, 어째서 나는 태어난 걸까? 무서웠다.

아이들이 장대비처럼 말을 쏟아내는 통에 딴생각하던 머리가 번쩍 깼다. 정신을 차리고 보니 흥분한 아이들이 한꺼번에 말하고 있었다. 무시무시한 대화의 소용돌이에 휩쓸릴 것 같았다. 아이들을 간신히 진정시키고 다시 물었다. "나도 초등학생 때 인생에 의미가 없지 않을까 생각해서 무서웠어. 그런데 실은 지금도 잘 몰라. 그러니까 모두의 생각을 들려줘." 바로 옆에 앉아 있던 소년이 내 말을 듣고는 "그런 걸 생각했다니 대단한 초등학생이네."라고 진심으로 감탄한 듯 중얼거렸다. 아니, 이건 너희가 낸 질문 아니니. 웃음이 나왔다.

사람들은 평소에 별생각 없이 노래를 흥얼거린다. 그런데 거기에 '철학'이라는 감투를 씌우는 순간, 그 흥얼거림을 숭고한 행위처럼 생각한다. 누구나 대수롭지 않은 일상에서 문득 무언가를 생각해볼 때가 있지만, 그걸 새삼 다른 사람 앞에서 말하면 "대단하네."라며 왠지 거리를 둔다.

잠시 모두가 생각에 잠겨 있는데, 다른 소년이 무거운 공기를 가르듯이 "확실히 인생에 의미는 없어. 하지만 살아가는 의미를 만드는 게 인생이잖아."라고 반론했다. 또다시 와아아아, 하고 모두가 한꺼번에 말하기 시작했다. 그들에게는 하고 싶은 말이 있는 것이다. 그걸 하나하나 귀 기울여 잘 들어야 한다.

그들에게는 즐거운 일, 좋아하는 것이 있다고 한다. 그런 걸 찾아가는 것이 살아가는 것이라고.

여러분이 살기 이전 인생은 무無이다. 인생에 의미를 부여하는 것은 여러분의 일이며, 가치란 여러분이 고르는 이 의미 이외의 것은 아니다. [*]

사르트르의 말이 어쩔 수 없이 떠올랐다. 인생에 의미 같은 게 없기 때문에 의미를 찾아볼 수 있다는 역설.

대화는 복잡하게 진행되다 왠지 트럼프 대통령까지 등장했다. 트럼프는 위험해! 트럼프는 안 돼! 아이들이 언성을 높이는 와중에도 "살아가는 의미랑 상관없는 얘기잖아."라든지 "그

---

[*] J. P. サルトル(著), 伊吹 武彦(譯), 『実存主義とは何か』 人文書院 1996. (한국어판: 장폴 사르트르 지음, 이희영 옮김, 『실존주의란 무엇인 가』 동서문화사 2017) 내가 철학에 뜻을 품은 계기인 책이기도 하다. 부디 많은 사람들이 읽어주길 바란다.─지은이 주

냥 남 욕하는 거잖아."라고 누군가가 주의를 주어 다시 질문으로 돌아갔다. 굳이 내가 "원래 얘기로 돌아가자." 같은 말을 하지 않아도, 아이들은 자기들끼리 대화의 주도권을 공유할 줄 안다.

'자손을 남기기 위해서'라는 의견도 나왔다. 한 소녀는 "사람은 언젠가 죽겠지만, 그 자손은 살아남아."라고 여전히 화내며 의자에 기대 있는 소년에게 반박했다. 소년은 "그 자손도 죽잖아."라고 대꾸했다. 소녀는 과감하게 "그 자손도 자손을 남겨."라고 랠리를 계속했다.

"메롱메롱이라는 생물이 어딘가에 있다고 쳐봐."라며 다른 소년이 이야기했다. 그 녀석이 우주의 바깥에서 우리를 보며 실험 대상 삼아 놀고 있다면, 우리는 메롱메롱에게 도움을 주는 셈이니 살아가는 의미가 있다고.

하지만 그게 무의미한 것보다 싫다는 반응이 나왔다. 확실히 그래서야 살아갈 의미가 없는 삶보다도 허무하다.

메롱메롱 소년은 더 이상 내게 말하고 있지 않았다. 앞으로 상반신을 구부린 채 같은 조 아이들 한 명 한 명을 차례대로 바라보며 이야기했다. 아이들은 이미 나에 대해서는 잊고 서로의 세계에 발을 들이고 있었다. 대화의 소용돌이는 으르렁거리면서 우리를 점점 깊은 곳으로 끌어당겼다.

그 소년은 계속 뜨겁게 이야기했다. 나는 나랑 다른 게 싫어, 이러면 트럼프야, 그런데 나는 트럼프야, 나는 내가 좋아하는 것에만 둘러싸이고 싶어, 나는 사람을 내 맘대로 하고 싶어, 그런 욕망이 있어!

같은 조 아이들은 으웩, 하면서 얼굴을 찡그리고 웃었다. 그 모습을 본 소년도 난처하다는 듯 "나는 신이 되고 싶은 거구나." 라고 중얼거렸다.

그의 친구가 "그런데 그거 네가 지어낸 이야기잖아?"라고 타이르듯이 말했다. 소년은 얼굴을 잔뜩 찌푸리고는 "맞아, 나는 신이 되고 싶지만, 신은 될 수 없어."라면서 웃었다.

타인을 배제해버리고 싶어, 이질성을 제외하고 싶어, 이런 인간의 욕망을 그는 직시하고 있었다. 그리고 그런 욕망을 지닌 자신을 우습게 여기기도 했다. 친구는 그런 그를 독단적이라고 비판하면서 받아들였다.

대화의 소용돌이가 여전히 맹렬한데 남은 시간은 점점 줄어들었다.

처음에 말을 토해낸 소년은 다른 아이들의 말을 잠자코 들으면서도 또다시 '신이 되어봤자 언젠가 죽잖아.'라는 듯한 표정을 짓고 있었다. 의미를 찾아내도 죽음이 전부 무無로 되돌릴 거라고 성을 냈다.

소년의 맞은편에 앉아 있던 소녀가 불현듯 "그래도 죽으니까 살아가는 거잖아."라고 중얼거렸다.

"이상한 말 같겠지만, 죽기 위해서 살아가는 거야."

아이들은 "뭐야, 그게." "이상해." 하며 뚝뚝 말을 떨어뜨렸다. 소녀의 말에 관해 생각하고 싶어서 허둥지둥 머리를 굴렸다. 나도 생각했다. 하지만 시간이 부족했다. 선생님이 멀리서 "자, 이제 슬슬 정리하세요."라고 말하는 게 들렸다. "싫어요. 더 할래!"라고 몇 명이 불만을 터뜨렸다.

그래도 수업은 여지없이 끝났다. 아이들은 자기들의 교실로 돌아가려고 순식간에 사라졌다. 나만 교실에 남아서 작은 의자에 앉아 있었다.

아이들이 자리에서 일어날 때 "혹시 답을 알게 되면 알려줘."라고 부탁했다. 아이들은 "네에."라며 건성으로 말했지만, 수십 년 후에라도 어떻게든 그들의 질문에 대한 답이 돌고 돌아 내게 도착하면 기쁘겠다. 부탁해, 얘들아.

;

세계,
넌 문제집이냐

웃는 걸 좋아한다. 그래서인지 기본적으로는 항상 웃고 있다. 따뜻한 미소를 머금는다는 말은 아니다. 폭소를 하든지, 싱글싱글하는 것이다. 일상에 수없이 존재하는 웃음 포인트를 쌓아두었다가 집에 가는 전철에서 되새기며 홀로 즐기는 걸 좋아한다. 혹은 친구에게 그 내용을 메시지로 보내고 둘이서 자지러지게 웃는 걸 좋아한다. "얼마 전에 무서운 표정으로 엄청 빠르게 걸어가던데." 자주 듣는 말이다. 그런데 무서운 표정을 짓는 건 웃음을 참고 있기 때문이다.

오래전, 필사적으로 웃음을 참다가 한 맨션의 현관에 있는 장식용 소나무에 찔린 적이 있다. 예리한 소나무에 몸속을 꿰뚫리고, 차갑고 매끈매끈한 대나무에 뺨을 꾹 눌리면서, 왜 인간은 이런 걸 소중하게 장식할까 생각했다.

세계란, 인간이란, 어쩜 이토록 이해할 수 없을까. 장식용 소나무에 찔린 채 히죽히죽 웃었다.

카를 야스퍼스Karl Jaspers라는 철학자가 있다. 그는 철학을 하는 것의 근원이 '경이와 회의와 상실의 의식'이라고 했다. '경이'에서 의문과 인식이 태어나고, 인식한 것에 대한 '회의'에서 비판적 음미와 명석함이 생겨나며, 자기 '상실'의 의식에서 자신에 대한 질문이 싹튼다는 것이다.

거리와 학교에서 철학 대화를 시작할 때 "어떤 걸 생각하고 싶어?" "뭘 주제로 대화하고 싶어?"라고 질문을 던지는 경우가 있다. 철학 대화에 익숙해진 초등학생들에게 물어보면 "색깔은 왜 있을까?" "과거의 인물은 정말 존재했을까?" 같은 걸 말하거나 "일단 지나치면 절대로 멈추지 않고 더욱 길게 느끼고 싶은 신기하고 신기한 시간이란 무엇일까!"라고 큰 글씨로 휘갈겨 쓰기도 해서 가슴이 두근두근한다.

하지만 어떨 때는 진행이 꽉 막히기도 한다. 그럴 만하다. "뭘 생각하고 싶어?"라고 난생처음 보는 여자가 갑자기 물어보는 건 한밤중에 길에서 느닷없이 "나, 예뻐?"라는 말을 들은 것이나 마찬가지다. 무섭다기보다는 아예 사고가 정지해버린다. '뭐? 이거 뭐야?' 하는 것이다.

초등학교의 학부모회에서 철학 대화를 진행한 적이 있는데, 그야말로 '이거 뭐야?' 하는 상태에 빠졌었다. 어머니들은 "뭘 생각할까요?"라며 실실 웃는 나를 보면서 어리둥절했다. 무얼 생각하면 좋을지 생각해야 한다고 생각했다.

그래서 질문을 "뭔가 아이 때문에 고민하는 것, 화나는 것은 없으신가요?"라고 바꿔보았다. 그러자 어머니들은 무시무시한 열기로 말하기 시작했다. 금방 저녁 시간이니 간식 먹지 말라고 하는데 말을 듣지 않아요. 아, 우리 애도 약속을 안 지켜요. 진짜, 우리 애도 그래요. 저번에도 말이죠….

단단한 알이 쩍 쪼개지면서 철학이 탄생했다. 참고로 그날 주제는 '왜 약속을 지켜야 할까?'로 정해졌다. 즐거웠다.

남미의 철학 대화 활동가인 바우테르 코안은 자신의 저서[*]에서 야스퍼스가 말한 철학의 근원을 소개한 다음 네 번째 근원으로 '불만dissatisfaction'을 더하자고 제안했다. 흥미로운 관점이다.

[*]   Walter Omar Kohan, *Philosophy and childhood: critical perspectives and affirmative practices*, Basingstoke: Palgrave Macmillan 2014.

어느 고등학교에서 '왜 교칙을 지켜야 할까?'라는 주제가 제기되었을 때도 비슷한 생각을 했다. 불만이라고 하면 부정적이지만, 머릿속에서 떨어지지 않는 그 꺼림칙함이야말로 그만큼 절실히 바로 지금 여기서 내게 들러붙어 있는 '질문'이 아닐까, 하고 생각했다.

10대 시절, 나는 엉망진창 같은 세계 탓에 완전히 쓰러져 있었다. 타인은 괴물 같았고, 사회에는 불합리가 넘쳐났고, 이 세상에는 이해할 수 없는 일밖에 없었다. 이유는 모르지만 정신차리고 보니 나는 여기에 '존재'하고 있는데, 언젠가는 죽는 모양이다. 우리는 어디에서 왔고, 어디로 가는가. 여기는 어디인가. 나는 누구인가.

"세계, 넌 문제집이냐."

철학과 친구가 중얼거렸던 말이다. 세계는 종잡을 수 없는 문제집이다. 누구도 '해답' 책자를 갖고 있지 않다. 중학교 때처럼 해답을 몰래 노트에 베껴서 제출하기란 불가능하다. 어떻게 해서든 풀어보는 수밖에 없다. 고독하고 힘들고 쓸쓸하다.

어머니에 따르면, 나는 네 살 무렵의 한 시기에 갑자기 "나는 엄마가 아냐."라면서 울음을 터뜨렸었다고 한다. 교육학적으로는 자아가 싹텄다든지 자의식 운운하며 설명하겠지만, 어렴풋한 기억을 더듬더듬 되짚어보면 그건 세계에 대한 '경이'가 아니라 '불만'에 가까웠던 것 같다. '나는 앞으로 영원히 나다.'라는 사실에 격렬히 분노한 것이다. 뭐 이딴 세계가 있어! 이러면서 약 3개월 동안 울었다.

그건 그야말로 엉망진창인 세계에 대한 첫 '불만'이자 '질문'이었다. 하지만 '불만'이라고 하면 아무래도 부정적인 이미지가 떠오른다. 그렇다고 해서 '불평'으로 번역하면 응석 부리는 듯한 느낌을 준다. 고민? 불복? 불만족? 뭐라 표현하면 좋을까.

처음 이야기로 돌아가자. 나는 웃는 걸 좋아한다. 그래서 코미디를 좋아한다. 만담, 콩트, 라쿠고落語.* 마음에 든 코미디를 카세트테이프 등에 녹음해서 외울 정도로 여러 번 듣는다. 오늘도 전에 녹화해두었던 코미디를 봤다. 개그 콤비 다운타운의 하마다 마사토시가 마쓰모토 히토시를 때리며 "왜 그러는데!"라고 말했다. 보면서 '뭐지?' 하는 생각이 들었다. 무언가가 생각

---

* 일본의 전통 공연으로 '라쿠고가(落語家)'라는 사람이 부채와 손수건을 들고 무대에 앉아 청중들에게 이야기를 들려준다. 유머러스한 희극부터 괴담까지 다양한 이야기를 다루며 음악과 무대 효과를 전혀 사용하지 않고 몸짓과 입담만 활용한다는 점이 특징이다.

날 듯한 직감이 들었다.

내가 정말 좋아하는 콤비 샌드위치맨의 개그도 보았다. 멤버 중 다테 미키오가 개를 산책시키고, 도미자와 다케시가 길을 지나가다 마주치는 상황이었다. 도미자와는 실수하는 역할, 다테는 실수를 꼬집는 역할이다.[*]

도미자와: 이야, 정말 예쁜 개네요. 얼굴 좀 닮지 않았어요?

다테: 아아, 저랑요?

도미자와: 아뇨, 나랑.

다테: 처음 보는 아저씨랑 닮을 리가 있어!

다테의 말에 도미자와는 "아아, 견주랑 주인은 닮는다고 하죠."라며 미소를 짓는다. 다테는 "아니, 견주가 주인이잖아!"라고 지적한다.

깔깔깔 웃으면서 엉뚱한 말실수를 하는 도미자와를 보고 있으니 '아, 이거 세계다.'라는 생각이 들었다.

세계는 불합리하고, 부조리하고, 엉망진창이고, 폭력적이고, 의미 불명이다. 하지만 다르게 말하면 세계는 계속 실수를 저지

---

[*] 일본의 코미디언 콤비는 보통 한 명이 엉뚱한 말이나 실수를 하는 역할을 맡고, 다른 한 명이 그걸 지적하는 역할을 맡는다.

른다고도 할 수 있다. '사람은 애써 태어나지만 절대로 죽습니다.'라니, 진심으로 '왜 그러는데.'라며 꼬집고 싶은 수준의 실수가 아닌가.

나는 평생 나이고, 당신은 영원히 당신. 나는 네 살 때 이런 현실과 마주하고 온 마음과 온 힘을 기울여 '왜 그러는데!'라며 꼬집은 것이다.

여기는 지구라는 곳입니다. 지구는 우주라는 곳에 있습니다. 우주는 잘 모르지만, 무지막지하게 커다랗습니다. 왜 그러는데.

있는 것은 있고, 없는 것은 없습니다. 왜 그러는데.

의식해서 나오는 질문이 아니다. 자연스럽게 내면에서 '왜 그러는데.'라고 솟아난다. 그리고 아마도 철학은 '왜 그러는데.'에서 시작된다.

하나와 노부유키와 쓰치야 노부유키로 구성된 콤비 나이츠의 개그도 살펴보자.

하나와: 나이츠의 하나와라고 합니다. 잘 부탁드립니다.

쓰치야: 자기소개, 이거 중요해요.

하나와: 잘 부탁드려요. 갑자기 좀 더러운 얘기를 해서 죄송한데… 이쪽은 쓰치야라고 합니다.

쓰치야: 무슨 소리야!

무슨 소리야.

앞서 살펴본 '왜 그러는데.'가 이유를 묻는다면, '무슨 소리야.'는 의미를 질문하는 말이다. 왜 그러는데. 무슨 소리야. 일본의 코미디에서 항상 등장하는 대사지만, 실은 철학 대화를 할 때 자주 나오는 질문이기도 하다.

다시 말하면, 영원히 실수만 저지르는 세계를 꼬집는 것이다. 그러고 보면 철학 대화를 하는 사람들이나 철학자들은 모두 세계와 콤비를 맺은 코미디언인지도 모르겠다.

나를 찌른 소나무 장식도 실수다. 냉정하게 소나무 장식을 한 번 바라보자. 그리고 매년 정월에 장식한다든가, 대나무라든가, 경사스럽다든가 하는 의미를 전부 떼어내고 그저 있는 그대로 그 장식을 바라보자.

왜 그러는데.

머릿속에서 내가 좋아하는 코미디언들이 기묘하고 의미를 알 수 없는 물체를 딱 꼬집는다. 신종 포켓몬스터 같은 소나무 장식은 입을 싹 씻고 시치미를 떼고 있다.

'꼬집기'는 '불만'을 다르게 번역한 것이 아닐지도 모르겠다.

'경이'도 '회의'도 '상실'도 전부 '꼬집기'에 포함되는 듯싶다. 하지만 그와 동시에 '꼬집기'는 그 자체로 새로운 갈래 같기도 하다.

그러면 모처럼 발견했으니 다섯 번째 철학의 근원으로 '꼬집기'를 추가해야 할까.

"총괄해서 말씀드리면, '철학을 하는 것'의 근원은 경이·회의·상실·불만·꼬집기의 의식에 있다고 할 수 있습니다."

멍청한 소리가 되어버렸다. 야스퍼스가 실수하는 코미디언이 되면 어떡하나.

;

교수님,
하이데거가 떠내려가고 있습니다

생활감 넘치는 연구실에서 헌책방의 곰팡내가 밴 한 시대 전의 책을 보다 고개를 들었다. 꿈에서 깨어나듯이 생각했다.

'철학책, 모르겠어.'

어려움의 원인은 대부분 내 공부 부족이지만, 40퍼센트 정도는 철학책 탓이라고 믿고 싶다.

대학생 시절 쇠렌 키르케고르의 『죽음에 이르는 병』을 읽다가 깜짝 놀랐다.

양자 사이의 관계에 있어서는 관계 그 자체가 소극적인 통일로서의 제삼자를 뜻한다. 양자는 관계에 대해서, 또는 관계에 대한 관계 안에서 서로 관계하고 있다. 이와 같이 영혼의 규정에 있어서는 영혼과 육체와의 관계도 한 관계다. 그와 반대로 관계가 자기 자신에게 관계하게 되면, 이 관계는 적극적인 제삼자가 되며 이것이 바로 자기인 것이다.[*]

뭐야, 관계, 관계, 시끄러워!

첫 페이지부터 『죽음에 이르는 병』은 대단했다. 구경만 하실 손님은 사절합니다, 하는 기백이 느껴졌다. 현기증을 느끼며 키르케고르를 옆에 내려놓고 그 대신 하이데거를 손에 들었다. 유명한 부분을 읽는데 다음 문장이 눈에 들어왔다.

현존재의 이러한 존재구성틀에는, 현존재가 그 존재에서 이 존재와 일종의 존재관계를 가진다는 사실이 속한다.[**]

철학책은 테크노 음악처럼 특정 부분이나 단어를 반복해야 한다는 규칙이라도 있는 건가. 입시학원의 논술 시험에 적었다

[*] キルケゴール(著), 松浪 信三郎・飯島 宗享(譯), 『死にいたる病: 現代の批判』白水社 2008. (한국어판: 쇠얀 키르케고르 지음, 박환덕 옮김, 『죽음에 이르는 병』종합출판 범우 2022.)—지은이 주
[**] ハイデガー(著), 細谷 貞雄(譯), 『存在と時間(上)』, ちくま学芸文庫 1994.(한국어판: 마르틴 하이데거 지음, 이기상 옮김, 『존재와 시간』까치 1998.)—지은이 주

가는 곧장 빨간 펜으로 지적받을 법한 문장이다. 그보다 하이데 거 선생님, 원고 쓰시고 나서 '와, 존재를 너무 많이 썼나…?'라 고 깨달으셨으면 좋았을 텐데요.

반복도 그렇지만, 내용 역시 어렵다. 현존재, 존재, 존재관계. 현존재, 존재, 존재관계. 자신의 존재에 있어, 이 존재에 대해, 존재관계를 지닌다. 자신의 존재에 있어, 이 존재에 대해, 존재 관계를 지닌다. 알약을 삼키듯이 이해했다.

하이데거와 키르케고르에게 구시렁대면서 나는 『변증법적 이성비판』이라는 만만찮은 책에 나오는 '초월론적인 변증법적 유물론'이라는 말에 밑줄을 그었다. 중요하다고 생각했기 때문 이다. 하지만 무슨 말인지는 모른다. 전문 용어로서 아는 말이 지만, 역시 잘 이해하지는 못했다. 그래도 밑줄을 그었다. 이미 여러 번 읽어 낡은 책에 다시 수많은 선이 그어져서 곧 책에 장 맛비가 내릴 듯했다.

앞서 세계는 엉망진창이고, 의미를 알 수 없는 문제집 같다고 했다. 10대 시절 나는 도무지 이해할 수 없는 세계에 너무 당황 해서 문학책을 닥치는 대로 읽었다. 문학책에는 완벽한 해답이 쓰여 있지 않았지만, 내가 모르는 누군가가 생각해낸 독자적인 예시 답안이 쓰여 있었다. 나는 타인의 예시 답안을 많이 읽어 서 인생에 합격하고 싶었다.

뭐, 그럴 듯하게 말했지만 사실 작품을 깊게 음미한 적은 거의 없고, 명문장은 그저 나를 통과해갔다. "나는 무익하고 정교한 하나의 역설이다."*라는 문장을 읽은들 중학생의 머리로는 '역설이랑 역접을 쓸 때는 한자 틀리지 않게 조심해야겠다.' 하는 아무 상관도 없는 생각밖에 떠오르지 않았다.

그래도 일단 좀 중요해 보이고 멋있으니 밑줄을 그었다. 노래였다면 분명 후렴이었을 거야. 하지만 이해하지는 못했다.

개인적인 이야기를 하겠다.

내가 다니던 중학교의 바로 앞에는 길고, 길고, 긴 비탈길이 있었다. 교문을 나가면 바로 오르막이었다.

종례가 가장 먼저 끝난 날, 누구보다 빨리 교문을 뛰어나가 집에 돌아가려고 했다. 안개비가 내리는 날이라 조금 으스스했던 것 같다.

끝이 없는 듯한 비탈길을 올려다보는데, 아무도 없는 줄 알았던 길에 사람이 보였다. 나와 똑같은 교복을 입은 사람이 안개비 속을 터벅터벅 걸어갔다. 그 광경을 본 내게 어떤 말이 벼락처럼 떨어졌다.

---

* 三島 由紀夫, 『仮面の告白』新潮文庫 1950. (한국어판: 미시마 유키오 지음, 양윤옥 옮김, 『가면의 고백』 문학동네 2009.)—지은이 주

뒷모습은 소나기 속으로 가는가

　예전에 뜻도 모르고 읽었던, 다네다 산토카가 여행의 적막함을 읊은 시였다.

　누군지 모를 사람의 뒷모습을 보고, 나는 왠지 산토카의 시를 누구보다 이해했다고 느꼈다. 우산을 쓰는 것도 잊은 채 머릿속에서 울리는 큰 소리를 들으며 눈물이 그렁그렁해져서 '유레카!'라고 외치고 싶었다.

　'오호, 그런 일이 정말로 있나요. 뭐, 저랑은 관계없겠지만요.' 이랬던 일이 갑자기 생생하게 느껴지는 그 굉장함. '알았다!'라기보다 '찾았다!' 하는 느낌과 가까울지 모르겠다. 동경하던 세계의 진리가 슬쩍 드러낸 모습을 목격하고 아편을 한 것처럼 좋은 기분에 취한다.

　오래전부터 지브리 애니메이션 「천공의 성 라퓨타」에서 주인공 파즈의 아버지가 하늘에 떠 있는 전설의 성 라퓨타를 언뜻 발견한 장면을 무척 좋아하는 이유는 분명 그 때문일 것이다. 또 다른 지브리 애니메이션 「바람이 분다」의 주인공이 자신이 이상적이라 여기는 비행기가 하늘을 나는 환시를 보는 장면이 참을 수 없이 좋은 것도 그 때문이다.

　중학생 시절 맛본 그 쾌감이 착 달라붙어서 나는 지금까지도 이런 일을 하고 있는 것이다.

그렇지만 아름답고 동경하는 진리는 계속 곁에 있어주지 않는다. 안개비 내리는 비탈길을 올라가는 뒷모습은 어느새 사라져버렸다.

이번 달에 일본철학회의 워크숍 '철학 대화와 철학 연구'에 다녀왔다.

철학과에 몇 년씩 몸담은 사람은 아무래도 주위 사람들보다 철학서를 읽게 마련이라 논리적 사고와 분석적 시점을 다소 익히고 있고, 이론의 개요 같은 것도 알고 있다. 그런데 그 지식과 견문을 거리와 학교에서 철학 대화를 할 때 어떻게 발휘해야 할까 하는 문제는 무척 어렵다.

지식을 멋지게 발휘하는 경우가 있는가 하면, 때로는 걸리적거리는 족쇄가 되기도 하고, 잘못하면 다른 참가자들에게 나쁜 영향을 미치기도 한다.

그 워크숍에서 발표자 중 한 명인 철학 연구자가 '철학 대화의 맛'에 대해서 이야기했다. 그는 철학 대화를 하다 보면 철학서 등에서 접해 알고 있던 것이 '정말이었구나!'라고 느낄 수 있다고 했다.

"중학생 시절, 이성에 대한 지식만 빠삭한 친구가 반에 있지 않았습니까? 우리에게는 그런 구석이 있습니다. '여자란 말이지….'라고 말은 하지만, 실은 잘 모르는 녀석처럼요."

내 얘기라고 생각했다. 이성에 빠삭했다는 말은 아니고.

관념론, 실재론, 유명론.

나는 그런 말들을 알았지만, 아직 그들을 발견하지는 못했다. 하지만 철학 대화를 하다 보니 흥분한 초등학생의 입에서, 눈을 크게 뜬 친구의 입에서, 졸려 보이는 선배의 입에서, 처음 보는 어른의 입에서, 문득 흘러나온 말을 듣다가 플라톤, 헤겔, 데리다의 모습을 발견할 수 있었다.

물론 플라톤의 말과 완전히 똑같다는 뜻은 아니다. 철학자처럼 어려운 걸 말해서 대단하다는 의미도 아니다.

뭐라 하면 좋을까. '정말 있었구나, 실재했구나, 라퓨타는 있었어!'라고 외치고 싶은 느낌과 같다. 심지어 그런 사상은 너무나 간단히 다른 참가자의 비판을 받기도 한다. 이론은 음미되고 분석되어, 깊이 연구된다.

이따금씩 그런 감각에 휩싸이면, 나는 모리타 노부코의 명문장을 떠올린다.

생각할 때, 사람은 의미의 바닷속에서 같은 바다에 거주하는 모든 사람들과 이어져 있다.[*]

차가운 체육관 바닥에 주저앉아 철학 대화를 했을 때, 약속을 지켜야 하는 이유를 열변하는 여고생의 옆에서 등을 구부리고 쪼그려 앉은 칸트가 고개를 연신 끄덕이는 게 보였다.

수백 년 전에 살았고 출신 국가도 다른 사람이 같은 원 안에 있었다. 시대도 공간도 뛰어넘어서 우리는 같은 연구자로서 사고했다.

'알다'라는 것에 대해 적었지만, '모른다'라는 것에 대해서도 쓰고 싶다.

철학과에 입학하여 대학생이 된 나는 철학과의 위대한 선배들과 교수님들 앞에서 완전히 겁을 먹었다. '이 사람들 앞에서 뭔가 잘못 말하면 죽을 거야!'라고 생각했다.

어린 시절 조금 해봤던 리듬 게임 「파라파 랩퍼」에 양파 선생이라는 캐릭터가 있었다. 신이 박자감각을 내려주지 않은 나는 가장 쉬운 단계조차 통과하지 못했다. 실수를 계속하면 양파

---

[*] 森田 伸子, 『子どもと哲学を:問いから希望へ』勁草書房 2011.—지은이 주

선생님은 점점 얼굴을 찌푸리다 학생에게 관심을 잃는다. 낙담하여 무릎을 꿇었다가 점점 바닥에 눕는다. 시작할 때는 그토록 기분 좋게 랩을 했으면서. 나는 어떻게든 양파 선생님에게 사랑받고 싶어서 눈물 흘리며 계속 도전했지만, 그는 때려치우라는 듯한 경멸 어린 눈빛으로 "계속할 거야?"라고 말했다.

대학교 1학년 때, 연구회에서 키르케고르의 '관계의 관계의 관계의 관계' 같은 문장과 마주치니 「파라파 랩퍼」의 화면이 선명히 되살아났다. 눈앞에 앉아 있는 동기와 선배가 양파 선생으로 보였다. 다들 틀림없이 게임을 공략하는데, 나만 리듬을 쫓아가지 못했다. 철학자 랩퍼가 하는 말을 이해하지 못했다.

홀로 남겨진 듯한 기분이었는데, 선배가 문득 "모르겠어."라고 말했다.

"뭐야, 이거. 왜 이렇게 되는지 모르겠어."

혹시 이거 아닐까, 하고 다른 선배가 말했다. 하지만 그건 명백하게 비약한 해석이라 선배는 자기 입으로 "아냐, 아닌가. 잘못 생각했어."라고 즐겁게 웃었다.

우리는 머리를 긁적이며 논의를 계속하여 만반의 준비를 하고, 안쪽에 앉아 있는 교수님을 일제히 바라봤다. '교수님, 뭔가 말씀해주세요.'라고 염원하는 침묵이 흘렀다.

교수님은 책상을 뒤덮은 책에서 고개를 들고, 충분히 시간을 두었다가 말했다.

몰라.

잘난 척하지도 않고, 아는 척하지도 않고, 교수님은 싱겁게 모른다고 말하고는 다시 오래 읽어서 낡은 책을 진지하게 보기 시작했다.

아마 수십 년 동안 수십 번은 읽었을 책에는 선배들의 의견과 교수님 자신의 생각이 빼곡하게 쓰여 있었다. 나는 이 대단한 교수님과 같은 바닷속에 있구나 깨달았다.

철학 대화를 하다 보면 내가 다른 사람들과 함께 같은 바다에서 헤엄치고 있다고 깨닫는 경우가 있다. 계기가 되는 일은 여러 가지가 있지만, 그중 하나는 모두 '모른다'고 공유했을 때 같다.

"모르겠는데."라며 다 같이 노력해서 탐구를 진전시키려고 할 때, 내 귀에는 바닷소리가 들린다. 명민하게 논문을 척척 써내는 선배가 "음, 모르겠어."라며 고민하는 걸 보면 왠지 기쁘다.

이해하지 못하는 것과 맞서는 것은 드넓은 바다에서 계속 헤엄을 치는 것과 마찬가지다. 혼자서는 쓸쓸하지만, 다른 사람과 함께 빠지면 좀 마음이 든든하고 웃을 수 있다.

우리는 육지가 보이지 않는 바다에서 필사적으로 헤엄치며, 웃고 있다. 친구도 선배도 대단한 교수님도, 다 함께 빠져 있다. 잘 응시해보면 분명히 눈을 크게 뜨고 있는 하이데거나 키르케고르도 파도에 휩쓸리고 있는 게 보일 것이다.

계속 헤엄치다 보면, 구름의 틈새로 사랑하는 진리가 언뜻 보일지도 모른다. 언젠가 '찾았다!'라고 외칠 그날까지, 우리는 오늘도 '초월론적인 변증법적 유물론'에 밑줄을 친다.

;

우리는 모두
사소한 병에 걸려 있다

다들 미키마우스에 푹 빠져 있을 때, 나는 구피를 좋아할 수밖에 없었다.

어린 시절, 수많은 디즈니 캐릭터 인형들 중에서 좋아하는 걸 골라보라는 말을 듣고, 나는 귀여운 인형을 제쳐두고 유달리 현실적이면서 어중간하게 커다란 구피를 가리켰다. 포동포동한 엉덩이가 귀여운 도널드 덕, 사랑스러운 다람쥐 칩과 데일, 모두의 리더인 미키마우스. 쉴 새 없이 팔려 나가는 매력적인 인형들과 대조적으로 잔뜩 쌓여 있는 구피는 선반에서 떨어질 듯했다.

눈꺼풀이 무거운 구피.

입을 반쯤 벌린 구피.

왠지 인간과 결혼했고, 생각보다 큰 아들이 있는 구피.

싱글 파더 구피.

구피를 끌어안자 둥글둥글하고 부드러운 다른 인형들과 달리 내 팔의 틈으로 긴 팔다리가 축 늘어졌다.

고등학생 시절, 아사쇼류朝青龍[*]가 여론에 흠씬 두들겨맞는 걸 보고 나는 아사쇼류의 팬이 될 수밖에 없었다. 태도가 나쁘다느니, 부상을 당했는데 축구를 했다느니, 그런 이유들로 비난 세례를 받던 아사쇼류를 본 나는 쉬는 시간에 잡담하는 친구에게 뜬금없이 말을 걸었다.

"아사쇼류, 참 좋지."

막연한 칭찬. 친구는 어중간한 미소를 지었고 내가 던진 화제는 특별히 퍼지지 않은 채 쉬는 시간이 끝나고 영어 수업이 시작되었다. 나는 선생님께 받은 유인물을 뒷자리로 전달했다. 만족스러웠다.

[*] 몽골 출신의 스모 선수. 한국 씨름의 천하장사 같은 '요코즈나'까지 올랐다.

이 세상에는 억압받는 사람이나, 모두에게 무시당하는 존재나, 모두가 잊어버린 존재가 넘쳐난다. 그리고 그런 존재들을 걱정해주는 사람이 있다. 그런 사람들은 세상의 부정에 목소리를 높여 항의하고, 연대하고, 표현한다. 정말 대단한 일이다. 사람과 사람이 연대하는 모습은 정말 아름다워서 나는 금세 감동의 눈물을 흘린다.

여기서 명확히 해야 할 점은 내 행위는 그런 사람들과 전혀 다르다는 것이다. 즉, 보이지 않는 존재를 찾아내면 마음 아프다든지, 이 세상의 부정을 용서할 수 없다든지, 감정 이입하여 공감하고 도우려 한다든지, 억압하는 쪽의 의식을 바꾸고 싶다든지 하는 윤리적 배려가 아니라는 말이다.

그렇다고 해서 내게 반항아의 '반발 정신' 같은 게 있지는 않다. 또한 다수파의 의견에 일부러 의문을 던지는 건설적인 의욕도 없다.

나는 우주의 균형을 걱정하는 것이다.

친구 세 명과 이야기하던 때. 누군가 "민트초콜릿 아이스크림을 좋아하지 않아."라고 말했다. 나머지 두 친구는 "나도." "치약 맛이 나지."라며 찬동했다. 그럴 때 우주에는 민트초콜릿 아이스크림은 맛있지 않다는 가치가 뭉게뭉게뭉게뭉게뭉게뭉게뭉게 차오른다. 거기서 누군가 '나는 좋아해.'라고 말하지 않으면 우주의 균형이 무너지고 만다.

이 세상에는 보이지 않는 시소 같은 게 있어서 한쪽으로 너무 치우치면 우주가 붕괴한다. 나는 그게 너무 두렵고 견딜 수 없어서 그 자리에 부족한 가치를 만들어내어 균형을 유지하려 신경 썼다.

놀라운 사실은 우주의 균형에 따라서 정말로 내가 아예 바뀐다는 점이다. 친구들과 있을 때는 정말로, 진심으로, 민트초콜릿 아이스크림을 좋아하게 되는 것이다. 인형 가게에서는 구피가 누구보다 사랑스럽게 보였다.

아아, 민트초콜릿 나도 좋아해.

누군가 그렇게 말하면 입 안에 금세 불쾌한 치약의 맛이 가득 느껴진다.

그러니 내 행동은 전혀 윤리적이지 않다. 외려 '사소한 병'인 것이다.

이제는 많이 좋아졌지만, 이런 '질병' 혹은 '악습', 좋게 말해 '고집'은 타인이 이해하기 어렵다.

"왜 내 말에 바로 '아니, 하지만'이라고 하는 거야?"라며 화를 낸 사람도 있었다. 그 사람에게 '아니, 우주의 균형이 말이지.'라고 말해봤자 불에 기름을 붓는 셈일 뿐이다. 결국 "미안해. 왠지 바로 변증법의 지양을 하고 싶어서."라고 뜻 모를 변명을 하여 다른 방식으로 불에 기름을 부었다.

그렇지만 곰곰이 생각해보면 좋겠다.

이 글을 읽은 당신에게도 분명히 무언가 '병' 또는 '고집'이 있다. 자기만의 규칙, 스스로를 가두는 우리, 반드시 이래야 한다는 신념, 주체할 수 없는 욕망이 있을 것이다.

하기와라 사쿠타로萩原 朔太郎*를 예로 들겠다. 그는 모퉁이를 돌 때, 반드시 그 모퉁이의 벽을 손으로 만졌다고 한다. 그래서 사쿠타로 주변의 모퉁이는 손때가 묻어 까무스름했다는, 그런 이야기도 있다.

어떤 사람은 계단의 수가 3의 배수로 나뉘지 않으면 기분이 나쁘다고 했다. 그래서 그 사람에게 가장 아름다운 계단은 9단 이라고.

"매일 변하는 거라면 그렇게 신경 쓰지 않아. 하지만 계단의 수는 건물의 구조라서 바뀌지 않잖아. 그래서 몇 계단인지 아는 건 그 건물이 제대로 안전하다는 뜻이야. 3이 아니면 기분 나빠."

"몇 계단인지 아는 건 그 건물이 제대로 안전하다는 뜻"이라 는 그의 말과 근거는 타인과 공유할 수 없다. 대체 무엇 '때문

---

* 20세기 초에 활동한 일본의 시인. '일본 근대시의 아버지'라는 평가를 받고 있다.

에' 안전한 걸까.

한 사람 속에서만 통하는 이치는 당사자에게 너무나 자명해서 그걸 공유할 수 없다는 사실을 의식하지 못한다.

예전에 내 블로그에 가치 있는 일상 속의 단편을 적절하게 보존해두고 싶다는 생각이 들 때가 있다고 썼다. 그 글의 댓글 중에 다음과 같은 것이 있었다.

온갖 일상을 보존해두고 싶다는 욕망에 무척 공감합니다. 최근 10년 동안 꽤 진정되었는데, 저는 30대 전반까지 눈에 카메라를 심어서 내가 체험하는 모든 일상을 24시간 영상으로 기록할 수 있는 사회가 빨리 왔으면 좋겠다고 생각했습니다. 그런 생각은 아무 내용이 없어도 상관없으니 아무튼 내 경험과 연결된 모든 것을 보전해두고 싶다는 근원적인 것이라서 페티시즘이라고 할지, 편애라고 할지, 그야말로 '욕망'이라 부르는 게 어울리는, 제 내면 깊은 곳을 조용히 흐르는 정체 모를 무언가였습니다.

아하하.

공감한다고 말해주었지만, 아마 그의 고집을 공유할 수 있는 사람은 적을 것이다. 태도가 비슷하거나 같다고 해도, 제각각 '이치'가 다르기 때문이다.

그렇지만 바로 그렇기 때문에 '사소한 병'은 대단하다.

왜냐하면 그런 병은 그야말로 그 사람이 그 사람이라는 증거이며, 누구와도 결코 교환할 수 없는 그 사람만의 독자성이기 때문이다.

철학은 일종의 보편성을 추구한다. 기본적으로는 철학적인 질문을 세우고 진리를 추구해가는데, '사람마다 모두 다르네요.'라고 결론을 내리지는 않는다. 어떤 지점이라면 사람들과 공유할 수 있을까, 그리고 가능하면 보편성을 도출할 수 있지 않을까 탐구한다.

이런 말을 하면, "철학을 하는 사람은 보편적이라고 할 수 있는 의견만 말해야겠네요." 하는 반응을 보이는 사람이 있다. 뭐, 잘못된 반응은 아니다.

그렇지만 한편으로 나는 철학을 하는 사람이 자기 자신의 배경, 욕구, 경험, 고통, 편애를 보편성 때문에 손쉽게 버리는 것은 바람직하지 않다고 생각한다. 그 사람만의 공유 불가능한 고집, 탐구하는 자리에서 다른 사람의 호불호와 상관없이 노출되는 독자성, 병과도 비슷한 부자유를 진심으로 사랑한다.

그리고 불합리하다고 여겨지는 것에 대한 광기 어린 애정이 있다.

　새끼손가락이 없으면 쓸쓸하게 마련이다
　쓸모없는 것은, 사랑할 수밖에 없는 것이니까

시인 데라야마 슈지의 시. 이 시에는 '쓸모없는 것은 사랑할 수밖에 없으니까'라는 불합리가 있다. 글을 '그러나'로 연결하는 것은 간단하다. 하지만 '그래서'로 연결하려면 곰곰이 생각해야 한다. 왜냐하면 논리가 필요하기 때문이다. 논리가 필요하다는 말은 곧 보편성이 필요하다는 뜻이다.

나는 합리성과 논리를 신뢰한다. 하지만 그와 동시에 시인의 불합리와 비약도 사랑한다. 나는 보편성과 동시에 독자성을 사랑한다.

그리고 철학의 영역에서도 이런 사랑이 허용되기를 바란다. 다만 그렇다고 해서 '이것이 진리입니다!'라고 냅다 밀어붙이면 곤란하고, '사람마다 달라서 재미있네요.'라고 끝내도 아쉽다. 균형을 고려해야 한다.

아아, 결국에는 균형에 대한 이야기가 되어버렸다.

균형이란 참으로 어렵네요.

;

여러분, 우리는 항상
다시 태어나고 있으니까 안심하세요

'사람은 죽으면 어떻게 될까?'에 대해서 초등학생들과 철학 대화를 했을 때의 일이다.

앞서 '사람은 무얼 위해서 살아갈까?'에 대해 철학 대화를 했다고 적었다.

실은 그날 다른 반에서는 '사람은 죽으면 어떻게 될까?'를 주제로 철학 대화를 했다. 미리 '생각하고 싶은 질문을 적어주세요.'라고 설문 조사를 했는데, 죽음에 대한 질문이 가장 많았다고. 초등학교에서 종종 나오는 질문이라는 얘기를 나중에 들었지만, 처음 그 질문을 접했을 때는 가슴이 약간 덜컥했다.

제3인칭의 무명성과 제1인칭의 비극의 주체성 사이에 제2인칭이라는, 중간적이면서 말하자면 특권적인 경우가 있다. 멀리서 일어나 관심을 끌지 않는 타인의 죽음과 그대로 우리의 존재인 자기 자신 사이에 근친의 죽음이라는 친근함이 존재한다.[*]

'죽음'에 관한 철학으로 유명한 블라디미르 장켈레비치. 그는 다른 사람이 아닌 바로 '나'의 죽음을 1인칭의 죽음, '누군가'의 죽음을 3인칭의 죽음, 그리고 '나'에 대해 생생하게 느낄 수 있는 '당신'의 죽음을 2인칭의 죽음이라고 각각 나눠서 특징을 분석했다.

3인칭의 죽음은 일면식도 없는 타인의 죽음이다. 라디오 뉴스에서 아나운서가 "115명이 전사했습니다."라고 기계적으로 말하는 '115명'의 죽음이 3인칭의 죽음이다. 그에 비해 2인칭의 죽음은 다르다. 나와 가깝고, 구체적이고, 가슴이 찢길 듯한 존재의 죽음이다.

초등학생이 2인칭의 죽음을 경험하는 경우는 드물다. 그렇기

---

[*] ウラジーミル・ジャンケレヴィッチ(著), 仲澤 紀雄(譯), 『死』 みすず書房 1978. (원서: Vladimir Jankélévitch, *La mort*, Paris: Flammarion 1966.) —지은이 주

때문에 아이들이 낸 이 질문은 민감한 문제라고 조심스럽게 생각했다. 이건 안전한 질문일까? 지친 머리로 골똘히 생각했다.

이내 아이들이 일제히 교실로 들어왔다. 힘든 분위기가 되어 버리면 촉진자인 내 책임이고, 그렇게 되지 않도록 하는 것이 몇 안 되는 내 역할일 것이다.

이래저래 걱정했지만 대화는 부드럽게 진행되었다. 아이들의 관심은 '영혼은 있는가.'에 집중되었다. 텔레비전에서 본 이야기. 책에서 읽은 이야기. 엄마가 가르쳐준 이야기. 그런데 안경을 낀 소년이 머뭇머뭇 발언했다.

"영혼 같은 건 없어. 죽으면 아무것도 없어. 그냥 사라지는 거야."

예상대로 반론의 태풍이 일어났다. 우악. 아냐, 아냐! 그럴 리 없어! 아무래도 안경 소년 외에는 모두 영혼이 있다는 쪽인 듯했다.

"영혼이란 어떤 것인지 가르쳐줘." 이렇게 내가 부탁하자 아이들은 '생명'에 '마음'에 '죽으면 퐁 튀어나오는 것'이라고 차례차례 답했다. 미간에 주름을 잡은 남자아이가 구물구물 몸을 비틀고 양손으로 무언가 형태를 만들며 말했다.

"영혼이란 안개처럼 피어나는, 마음 같은 거야."

"그건 볼 수 없어?" 내 물음에 남자아이는 "응."이라고 하면서 할 말을 찾듯이 몸을 꿈틀거렸다. 생각하고 있는 것이다. 나도 함께 미간에 주름을 잡고 생각했다.

보이지 않는 것을 표현하기란 어렵다. 어렵기 때문에 아이들은 어떻게든 전하려고 했다.

왜 그들이 영혼을 이야기했느냐면, 환생을 설명하기 위해서였다.

사람이 죽으면 굉장한 기세로 영혼이 날아가 다른 누군가에게 들어간다고 한다. 학생들은 다시 태어나는 것에 대해 생각했다. 그 모습을 본 안경 소년은 나와 시선이 마주치자 부루퉁한 표정으로 "아, 다들 기독교도가 되어버렸네."라고 중얼거렸다. 다른 아이들의 사상이 실제로 기독교적인지는 제쳐두고, 안경 소년의 말투에 웃어버렸다. 안경 소년은 모두의 의견이 지나치게 신화적이라고 비판한 것이다.

"이 중에서 다시 태어나기 전을 이야기할 수 있는 사람이 있어?"라고 질문하자 아이들은 깔깔깔 웃었다. "없어. 영혼이 옮겨가면 전의 기억이 사라지는 거야." 그 말에 안경 소년은 "그럼 어떻게 다시 태어난다는 걸 알 수 있어?"라고 예리하게 파고

들었다. 다른 남자아이가 "오, 맞는 말인데. 환생은 없다는 파로 돌아설까?"라며 흔들렸다. 그러자 몸을 꿈틀거리며 생각하던 소년이 "그럼 너는 어떻게 죽으면 아무것도 없다는 걸 아는데?"라고 되물었다.

장켈레비치에 따르면 1인칭의 죽음은 경험할 수 없다. 왜냐하면 죽음을 경험하는 나는 이미 없기 때문이다.

아이들이 서로 얼굴을 마주 보며 "으음…." 하고 생각에 빠졌다.

대화를 하는 건 타인과 만나는 거구나 생각했다. 친숙하던 친구가 '뭔가 나와 다른, 이해하지 못할 소리를 하는 존재'로 모습을 바꾼다. 거짓말, 아무것도 안 남는다고. 뭐, 영혼이 있다니. 그리고 우리는 대화를 계속하는 사이에 자기 자신 역시 내게 타인이라는 사실을 발견한다. 말하면서 '뭐야, 이 생각은?' 하고 스스로에게 놀란다. 분명한 줄 알았던 것이 다른 사람에게 전하려고 하는 순간 손아귀에서 술술 빠져나가는 미꾸라지로 변모해버린다.

타인을 이해하려 하는 것은, 상대방을 만날 수 없는 약속과 비슷하다. 신주쿠역에 도착한 나는 시간이 되어도 오지 않는 친구에게 "안녕! 나는 도착했어! 지금 어디야?"라고 메시지를 보낸다. 그러면 친구는 "안녕, 나도 도착했어! 그쪽으로 갈 테니까 어디인지 알려줘."라고 답을 한다. 나는 "고마워! 동쪽 출구 근처에 있을게."라면서, 실은 한 층 아래에 있지만 알기 쉬운 장소로 이동한다. 그런데 친구가 "미안해, 나는 신주쿠산초메역에서 내렸어."라고 하고, 나는 '아, 친구는 나랑 노선이 다르지.'라고 생각하면서 "그럼 내가 그쪽으로 갈게!" 하고 걷기 시작한다. 친구는 다시 "아냐, 벌써 동쪽 출구로 가고 있으니까 기다려! 그런데 출구 근처 어디라고?"라고 물어본다. 이런 식으로 우리는 영원히 만나지 못한다. 상상만 해도 숨이 찰 것 같다.

그렇지만 만날 수 없기 때문에 우리는 대화하는 것이라고 생각한다. 타인의 말을 나의 말과 힘껏 비교해서 어딘가 교차하는 지점이 없는지 찾을 것이다. 그러다 보면 언젠가는 동쪽 출구 근처의 자판기 앞에서 딱 마주칠지도 모른다.

"그러면 다시 태어나는 게 있다고 치고, 그게 어떤 걸까 생각해보자."라고 제안했다. 환생이 있다고 주장하는 사람은 많았지만, 그 내용은 꽤 다른 듯했다. 뜻밖에도 도화선에 불을 붙인 사람은 안경 소년이었다. 그는 자신의 의견을 계속해서 고집하지 않고 '다시 태어나는 게 있다고 한다면'이라는 전제 너머를 즐겁게 생각할 줄 알았다.

이 문제는 자기동일성에 관한 이야기로 이어졌다. 다시 태어나서 기억이 사라진다면, 어떻게 그 사람을 나라고 할 수 있을까? 전세의 나와 내세의 나를 정하는 조건이란 무엇일까?

"내가 지금 여기서 풀썩 죽고 그 자리에서 싹이 터서 나무가 자라난다고 해보자. 이것도 다시 태어났다고 할 수 있을까?" 바로 정의를 내리는 것은 어려울 듯해서 좀 에둘러 질문해보았다. 몇몇 아이들이 "조용히! 조용히!" 하며 떠드는 아이를 손으로 제지했다. 선생님한테 혼나니까 그런 게 아니라, 규칙이니까 그런 게 아니라, 생각하고 싶으니까 이야기를 들으려 하는 것이다. 더욱더, 더욱더 깊은 사고를 하고 싶으니까 앞에 앉아 있는 잘 모르는 사람의 말도 몸을 앞으로 기울이고 들으려 하는 것이다.

응답은 '환생이 아니다.'가 절반 이상이었다. 역시 다시 태어났다고 말하려면 그릇이 달라져도 영혼 같은 것이 변치 않고 유지되어야 하는 모양이었다.

아이들의 대화를 듣다가 오래전 생물 선생님이 "여러분은 다시 태어난 적이 있나요?"라고 질문을 했던 게 생각났다. 인간의 몸이란 말이죠. 실은 매일매일 새로 만들어지고 있어요. 신진대사라는 것이죠. 뼈는 3년, 혈액은 4개월, 세포는…. 생물 선생님은 "그러니까"라면서 행복한 듯이 말했다.

"여러분, 우리는 항상 다시 태어나고 있으니까 안심하세요."

"다시 태어난다면 죽는 게 무섭지 않을까?"라고 물어보았다. "무서워요."라는 답이 돌아왔다. 나 역시 무섭다. "아프잖아."라고 누군가 말하자 "아냐, 죽으면 더 이상 아프지 않아."라고 누군가 대꾸했다.

얼굴을 잔뜩 찌푸리고 있던 남자아이가 "나는 죽는 게 무서워. 엄청 무서워. 하지만 죽는 게 조금 기대되기도 해!"라고 외쳤다.

그럴 리 없어! 또다시 반론의 태풍이 일어났지만, 그 소년은 죽은 다음 어떻게 되는지 알고 싶은 마음을 두근두근하면서 가르쳐주었다. 그렇구나, 그렇게 생각할 수도 있구나.

돌아가는 길, 대학원 교수님과 선배와 함께 점심을 먹으러 종종 걸어갔다. 말하면서 왜 그 생물 선생님은 '안심'이라고 했을까 생각해봤다. 그 말을 듣고 나는 '아, 다행이다.'라고 생각했었나.

세 명이 육교를 건너는데, 오래전에 지어 낡았는지 흔들흔들 크게 흔들렸다. 나는 매일같이 흔들리는 육교를 이용하기에 익숙했지만, 선배는 "와, 이거 뭐야!"라며 눈에 띄게 당황했다. 교수님은 "아, 이건 말이죠. 한 쌍이 걸어도 이러지 않는데, 두 쌍이 걸으면 흔들리는 거예요."라고 마치 수업처럼 척척 원리를 해설하기 시작했다.

육교를 무서워하는 선배와 정말인지 모를 원리를 설명하며 육수가 진한 라면을 먹고 싶어하는 교수님. 둘 다 낯선 타인이었지만 왠지 묘하게 재미있어서 만약 다시 태어난다면 그때도 이런 걸 하고 싶다고 생각했다.

;

당신은 불행한데
나는 행복을 느끼는 문제에 대하여

거리에서, 고등학교에서, 초등학교에서 철학 대화를 하고 있다. 여러 방식이 있지만, 질문을 한 가지 정하고 둥글게 앉아 생각하는 경우가 많다. 그 원 안에는 잘난 사람이 없다. 잘난 사람의 말도 쓰지 않는다.

생각하고, 다른 사람의 말을 듣고, 더 생각하면서 우리는 시간도 공간도 뛰어넘어 저 먼 곳으로 가려고 한다. 우리는 연령이나 직업이나 사상이 제각각 다르지만, 똑같이 지知를 사랑하는 사람으로서 생각한다.

연말에 철학 대화 활동을 하는 선배 두 사람과 국숫집에 갔다. 어떡해야 대화하기 쉬운 자리를 만들 수 있을까요, 하는 진

지한 이야기를 진지한 사람들과 진지하게 했다. 이야기가 흘러
가는데 한 선배가 툭 한마디를 했다.

"그러고 보니까 철학 대화에서는 둥글게 앉는데, 그러면 옆
사람이 보이지 않아. 그러니까 실은 둥근 원에서 가장 멀리
있는 사람을 향해 말하게 돼."

가장 가까운 사람이 가장 먼 존재. 이토록 본질적이고 아름다
운 역설이라니!

많은 사람들과 철학 대화를 했던 때를 떠올렸다. 의자를 최대
한 뒤로 밀어서 교실에 꽉 차는 원을 그리고 앉았다. 확실히 그
때 나는 눈앞의, 즉 가장 멀리 떨어진 사람을 향해 말했다. 멀리
까지도 닿도록 목소리를 높였다. 하지만 옆자리 사람은 별로 신
경 쓰지 않았다.

바로 옆자리의 당신이 말할 때, 나는 당신의 얼굴을 살펴보
거나 하지 않는다. 옆자리의 당신이 말할 때도, 당신은 나를 향
해 이야기하지 않는다. 당신은 맞은편에 앉아 있는, 싱긋 웃고
있는 저 사람에게 이야기한다. 바로 옆의 당신이 활기차게 철
학을 하는 동안, 나는 발밑에 정처 없이 모여 있는 먼지를 내려
다본다.

내가 안 보이는 거야 바로 곁에 있는데[*]

엑스 저팬인 건가. 붉은 빛에 물든 나를 위로해주는 녀석은
더 이상 없는 건가.^{**}

멍하게 생각하다 보니 어느새 국숫집에 도착해버려서 대화가
끊겼다. 국수를 후루룩 빨아들이는 두 선배를 보면서 우리에게
는 왜 가까이 있는 사람이 보이지 않을까 생각했다. 거리적으로
(그리고 분명 심리적으로도) 가까운 사람이 왜 보이지 않을까.

오래전, 국회도서관에 가서 자료 조사를 한 다음 6층의 식당
에서 라면을 사 먹은 적이 있다. 엘리베이터로 아래층에 내려가
려 하는데, 60대인 듯한 부부가 탔다. 아, 죄송해요. 아뇨, 괜찮아
요. 1층이세요? 이렇게 가볍게 대화한 다음 침묵했다.

문득 비좁고 살짝 어두운 엘리베이터의 구석에 움츠리고 있
는 여성을 언뜻 보았다. 무채색 계열의 옷을 입고 있는데, 무언
가 샛노란 것이 눈에 들어왔다. 뭘까 싶어 한 번 더 흘깃 보았는
데, 여성의 백발 머리 위에 노란 낙엽이 올라타 있었다.

---

    *   엑스 저팬의 노래 「쿠레나이(紅)」 중에서. 공연 영상을 보면 곡 후반부
는 거의 관객을 향해서 마이크를 대는데, 물론 너무 고음이라 관객은 부르
지 못한다.―지은이 주
    **   이 문장 역시 「쿠레나이」의 가사 중 일부를 변형한 것이다.

어? 너구리?[*]

한순간 등줄기가 서늘해졌다. 당황해서 남성을 보았는데, 아까 먹은 거 별로였어, 하는 표정으로 멀거니 층수 표시를 보고 있었다. 초등학생 손바닥만 한 크기의 노란 나뭇잎은 여성의 정수리 위에서 반짝반짝 빛나고 있었다. 누군가 장난으로 일부러 올렸거나 그 여성이 너구리거나. 다른 말로는 설명할 수 없는 존재감이었다.

너구리든 아니든 알려줘야 한다. 이렇게 결론을 내린 나는 조심조심 여성에게 말을 걸었다. 저, 죄송한데요. 머리 위에 나뭇잎이 붙어 있어요.

여성은 의아한 얼굴로 머리 위에 손을 올려서 국회의사당 앞을 수놓았던 낙엽의 감촉을 확인했다. 여성은 와, 하더니 얼굴을 크게 찌푸렸다. 다행이야. 너구리가 아니었구나. 이제 무사히 집에 갈 수 있어. 나는 안심했는데, 여성이 소리쳤다.

"왜 말하지 않았어! 계속! 눈앞에! 앉아 있었잖아! 왜! 못 본 거야!"

---

[*] 일본 설화에는 변신이 특기인 너구리 요괴가 등장한다. 일본의 만화와 그림책에서는 너구리가 머리 위에 나뭇잎을 올리고 변신하는 장면이 자주 등장한다.

여성은 감사하다고 죄송하다고 사과하면서 옆에 선 남성을 퍽퍽 때렸다. 마주 앉아서 식사를 한 모양인데, 남성은 나뭇잎을 전혀 눈치채지 못한 모양이었다.

나는 그때 그 남성의 어리둥절한 표정을 잊을 수 없다. 여성이 화를 내서는 아니었다. 모르는 사람이 말을 걸어서도 아니었다. 왜 나는 이렇게 눈에 띄는 걸 못 봤을까, 하는 얼굴이었다. 그는 변명하기는커녕 웃지도 못할 만큼 굳어 있었다.

여성의 손에 들린 나뭇잎이 "내가 안 보이는 거야. 바로 곁에 있는데."라고 중얼거리는 듯했다.

우리는 옆에 있는 네게는 목소리를 높이지 않아도 들릴 거라고, 가까이 있는 네게는 뭘 말해도 전달될 거라고 생각하며 자기 맘대로 만족하고 있다. 그러면서 옆 사람들에 내 말을 잘 전하려는 마음가짐을 잊어버린다.

그렇지만 실은 가까이 있는 너도 '절대적인 타인'이다.

설령 어머니라고 해도 다르지 않다. 나는 분명히 그 사람 속에서 이 세상으로 나왔는데, 그와 나를 이어주는 인연은 어찌나 미덥지 않은지 처음 보는 사람과 전혀 다르지 않다. 간호사가 갓난아이를 끌어안는 순간, 어머니와 아이는 곧바로 타인이 되어버린다. 혈연이라는 말은 얼마나 모호한지!

어느 명문 여자 사립학교에서 '행복이란 무엇일까?'라는 주제로 철학 대화를 했다. 학생들은 "소중한 친구가 행복해하면, 나도 행복해."라고 입을 모아 말하며 진심으로 행복한 듯이 웃었다. 그렇지, 그렇지. 나도 공감하면서 행복해했다.

그런데 학생들이 단단하게 신뢰하는 듯한 교사가 손을 들고 말했다.

"저는 축구를 좋아합니다. 축구를 하는 동안에는 행복해요. 그래서 여러분이 입시 준비 때문에 괴로워서 불행했을 때도, 저는 축구를 하면 행복할 수 있었습니다."

꺄아아아! 말도 안 돼! 최악이야!

학생들이 일제히 반응했다. 거짓말, 우리가 공부하는 동안 선생님은 축구나 한 거예요! 너무해! 우리는 이렇게 힘든데!

선생님에게 그들은 둘도 없이 소중한 학생들일 것이다. 틀림없이. 하지만 그런 소중한 학생들이 불행한 와중에도 그에게는 행복을 느끼는 순간이 있었다. 이 역시 틀림없을 것이다.

그렇지만 이 발언은 학생들에게는 그야말로 '타인'의 것이었다. 예상조차 하지 못한, 학생들에게 정성을 다하는 선생님의 또 다른 면이었다.

나는 타인이 그처럼 충격적인 통지를 하는 것이 바로 철학 대화의 묘미라고 믿는다. 철학 대화에서는 "말도 안 돼. 최악!" 이라고 끝내지 않고 "왜 그렇게 말할 수 있어요?"라고 질문할 수 있다. 그리고 점점 당신과 나는 다르다는 사실을 즐길 수 있게 된다. 물론 당황한 채 끝나는 경우도 많지만.

이런저런 생각을 하다 보면, 가장 가까우면서 가장 먼 사람은 사실 자기 자신인 것 같다. 나는 지금까지도 앞으로도 평생 나 자신의 모습을 직접 볼 수 없다. 그리고 이 문장을 쓰면서도 다섯 번 정도는 '내가 무슨 말을 하려고 했지?'라고 자문했다.

국숫집에 갔던 날을 한 번 더 떠올린다. 무난한 메뉴를 시키는 두 선배를 보고, 나는 무슨 생각을 했는지 "그럼 저는 오징어 구이로 할게요."라고 말했다.

오징어 구이. 국숫집에서, 대선배 두 사람 앞에서, 왜 오징어 구이?

"오래 기다리셨습니다."라며 직원이 눈앞에 오징어 구이를 내려놓은 순간, 이건 예절과 가장 동떨어진 음식이라고 확신했다.* 별로 좋아하지도 않고. 아니, 굳이 말하면 싫어하는 음식이

---

* 일본의 오징어 구이는 오징어를 자르지 않고 통째로 요리해 내놓기에 깔끔하게 먹기가 쉽지 않다.

다. 더 깔끔하게, 얌전하게, 유부가 들어간 국수나 계란구이를 주문했어야 했다. 왜, 나는, 일부러, 오징어 구이를.

봄이 와서
눈을 뜬
곰이 멍하니 생각했다
피어 있는 건 민들레인데
음 나는 누구더라
누구더라[*]

철학 대화에 참가해서 의견을 주고받다 이따금씩 '내가 무슨 말을 하려고 했지?'라고 당황하는 경우가 있다. 대체로 주위 사람들은 의아한 표정을 짓는다. '말 제대로 해.'라고 눈으로 질책하는 사람도 있다.

가장 가까이 있을 터인 내가 가장 멀리 가버렸을 때, 나는 겨울잠에서 깨어난 곰인 척한다. '음, 나는 누구더라.'라고 마음속으로 실실거리며 어떻게든 진정하려 한다. 멀리 있는 나를 억지로 끌고 와서 어떻게든 모순이 없게 정리하려고 서둘러 머릿속

* まど·みちお(著), 谷川 俊太郎(編), 『まど·みちお詩集』岩波文庫 2017.─지은이 주

을 조직한다.

그런 식으로 부지런히 머리를 쓰는데 "지금 하신 얘기는 무슨 뜻인가요?"라고 옆 사람이 치고 들어왔다.

음, 나는 누구더라, 누구더라….

;

그래서 여기 없는
네가 좋아

초등학교 5학년과 철학 대화를 했다.

세 학급에서 진행했는데, 주제는 모두 '빨리 어른이 되고 싶어?'였다. 초등학교에 동행한 대학원 교수님은 이번에도 나를 "이분은 레이첼이라고 불러주세요."라고 소개했다. 교실이 한순간 떠들썩해졌고, 한 남자아이가 "레이첼 카슨!"이라고 놀렸다.

침묵의 봄. 예스러운데.

"모두들 어른이 되고 싶어?"라고 물어보니 학급마다 "되고 싶어!"라고 소리 지르는 그룹과 "싫어!"라고 합창하는 그룹이 제각각이었다.

재미있게도 어른이 되고 싶은 이유는 "어른은 자유로우니까."였고, 아이인 채로 있고 싶은 이유 역시 "어린이는 자유로우니까."였다. 하지만 두 그룹이 말하는 '자유'의 내용은 다를 것이다.

스스로 돈을 번다, 술을 마신다, 결혼할 수 있다, 담배를 피울 수 있다! 아이들은 어른이 되어서 손에 넣을 수 있는 '자유'를 나열했다. 그런데 "담배를 안 피우는 어른도 있잖아. 담배는 어른의 조건이 될 수 없어."라고 한 소녀가 가속하는 열거에 제동을 걸었다. 한 소년이 말했다.

"어른이란, 담배를 피울 수도 있고, 피우지 않을 수도 있는 거야."

아, 저토록 본질적인 자유의 정의라니.

무슨 말이야? 좀더 말해줘. 내가 부탁하자 남자아이는 조금 생각하더니 "선택지가 있다는 걸까."라면서 싱긋 웃었다.

철학 대화에서는 말을 내뱉으면 끝이 아니라 "왜?" "어떻게?"라는 질문을 들을 수 있다. 그런데 아이들에게 "왜?"라는 질문은 어른들이 혼낼 때 쓰는 말이기도 하다. "왜 정리를 안 했어?" "왜 못 해?" 엄마가 아이를 몰아붙일 때 쓰는 무시무시한 말이다.

"나가이! 서류 안 냈지? 왜 그랬어?"

아, 까먹었다! 정말 미안해!

"사과는 건 됐고, 왜냐고 물어봤잖아."

우엑, 어른들 사이에서도 마찬가지였네요. 죄송합니다.

"왜?"라는 질문은 무섭다. 하지만 기쁠 때도 있다.

중학생 시절 선택 과목 수업이라는 게 있었다. 골프나 공예처럼 재미있어 보이는 과목들이 있었는데, 나는 하필 '아쿠타가와 류노스케 읽기'라는 수업을 선택했다. 그 수업에서는 아쿠타가와의 단편소설 「그리스도교도의 죽음」을 읽고 함께 논의했다. 선택한 학생이 세 명밖에 없었지만, 국어 선생님은 내 의견에 귀 기울이고 질문해주었다. 그때 질문을 받은 게 어찌나 기뻤는지 지금도 문득 생각난다.

내가 조심조심 의견을 말하면, 선생님은 항상 "왜? 좀더 말해 줘!"라고 물어주었다. 선생님의 진지한 눈빛에 꿰뚫린 나는 즉흥적인 생각을 내뱉거나 적당히 둘러대고 싶지 않았다. 내 나름의 이유가 있는, 무게 있는 말을 하고 싶다고 간절히 바랐다.

선생님에게는 틀림없이 아쿠타가와의 진의에 다가가길 바라는, 진리를 향한 정열이 있었다. 그렇기 때문에 사소한 중학생의 의견도 흘리지 않고 들어주었다. 그에 더해 나의 인격을 존중해주기도 했다. 선생님은 순수하게 우리의 의견에 흥미가 있어서 사랑해주었다. 당시 나는 반항기로 가득한 아이였는데, 말로 표현하지 않아도 선생님의 마음을 분명히 알 수 있어서 그 수업만은 빠지지 않고 출석했다.

실은 지금의 지도 교수님도 그런 분이다.

눈앞의 사람을 진심으로 존중하고, 진리에 대한 정열이 있으며, 철학을 정말 사랑하는 사람이다. 자주 가방 등을 식당에 깜박하고 다니기는 하지만.

나도 선생님이나 교수님처럼 되고 싶다.

하지만 꽤나 어려운 일이다. 나는 여전히 이 영문 모를 세계에서 자신을, 타인을, 어떻게 다루면 되는지 모르겠다.

최근, 윤리학 석사 논문을 썼다. "타인을 반드시 수단으로만 대하지 말고, 동시에 목적 그 자체로 대우해야 한다." 칸트의 아름다운 문장을 인용하면서 나는 타인을 향한 존중과 승인이 어떻게 이미 항상 이뤄지고 있는지 논증하는 데 몰두했다.

밤에 홀로 연구실에서 키보드를 두드리는데, 문득 '인간을 좋아하는구나.' 하는 생각이 들었다. 그리고 곧바로 '너무 무책임하다.'라고 스스로에게 실망했다. 정말 제멋대로고, 공상적이고,

그릇이 작다.

　연구실에서 나가 엘리베이터에 탔다. 내 뒤에 소란스러운 남녀 무리가 엘리베이터에 탔고, 한 남자가 여성의 마음을 끌기 위해서 엘리베이터를 흔들어댔다. 다른 남자들은 "인마, 그만 둬." "이 자식, 미치겠네."라고 그를 영웅시하며 까불어댔다.

　그들을 본 나는 고개를 숙인 채 그 시간을 견디며 '집에 가는 전철에서 저 녀석들 배가 무지막지하게 아프기를.'이라고 진심으로 기도했다.

　관념 속의 타인은 평온한 미소를 짓고 매끈매끈하며 좋은 냄새가 나는데, 왜 눈앞에 나타나자마자 타인은 끝없이 오싹한 정체 모를 것이 되어버릴까. 왜 당신을 있는 힘껏 사랑할 수 없을까. 칸트도 놀랄 만한 도덕적 인간이 되고 싶은데 왜 그럴 수 없을까.

　마음속에 남은 캔커피 광고가 있다. 배우 다케노우치 유타카가 연기하는 남성이 연인을 위해 파스타를 만들고 있다. 그런데 여성은 화가 났는지 파스타를 보지도 않고 "안녕!" 하고는 나가 버린다. 당황한 남성이 서둘러 쫓아가는데 여성은 "아까 잠깐 파스타 식으면 어떡하나 생각했지?"라고 나무란다.

　광고를 보고는 와, 이거 나라고, 나 자신을 발견한 것만 같았다. 왜냐하면 나는 친구가 "오늘 밤에 만날 수 있어? 상담할 게 있는데."라고 고민이 있는 듯이 말했을 때, 걱정보다 앞서 '큰일이네. 내일 아침 일찍 일어나야 하는데.'라고 생각한 적이 있기 때문이다. 밤늦게 전화를 건 사람의 이야기에 "응, 응, 그렇구나."라고 적당히 맞장구를 치면서 수업의 개요를 작성한 적도 있다.

하지만 내게 그들은 틀림없이 목숨을 걸 만큼 소중한 사람들이다. 광고에 등장한 남성에게도 연인은 유일무이한 사람일 것이다. 그런데 왜 그런 걸까.

나도 막 완성한 파스타 따위는 잊어버리고 연인의 팔을 붙잡아 끌어당기고 싶다. 친구를 위해 목숨을 건 「달려라 메로스」의 주인공처럼.

그녀를 사랑하지만 여기서 죽어버리면 성가시다고 생각하는 오후의 양지[*]

코즈모폴리터니즘, 휴머니즘, 타자 존중, 상호 승인.
내 논문에는 그런 머랭쿠키 같은 단어들이 줄지어 있었다. 거

[*] フラワーしげる, 『ビットとデシベル』書肆侃侃房 2015.—지은이 주

짓말이야, 기만이야. 나는 눈물을 흘리며 전부 지웠다. 이상과 현실의 차이에 갈가리 찢겨서 정말 보기 흉했다.

'목적의 왕국'[*]이란 얼마나 아름답고, 화려하며, 멀고, 멀고, 멀고, 멀고, 멀다는 말인가.

마쓰오 스즈키가 각본에 연출을 맡고 2000년에 처음 공연한 「키레이キレイ: 신과 만날 약속을 한 여자」라는 희곡이 있다.

그 극에 재력가의 딸인 가스미와 그의 약혼자로 무기 공장 대표의 아들인 마키시가 각자 노래하는 신이 있는데, 정말 굉장하다. 마키시는 무기를 판 돈으로 성장해 군대의 부대장이 되었지만, 실은 팬지꽃을 매우 좋아하고 여성스럽게 앉아서 꽃으로 점을 치며 장래희망은 작은 꽃가게를 여는 것이라고 고백한다.

사실 나는 손바닥만 해[**]

그래서 여기 없는 네가 좋아

가스미 역시 자기 자신을 속였다고 폭로한다.

---

[*] 칸트가 이상적으로 여겼던 공동체. 개개인이 서로의 인격을 존중하며, 그것을 목적 자체로서 존중한다. ─지은이 주

[**] '마키시'라는 이름은 '매우 크다'를 뜻하는 영어 'maxi'와 일본어 발음이 동일하다.

진짜 나는 여기에 없어

그래서 여기 없는 당신이 좋아

두 사람은 "여기 없는 당신이 죽을 만큼 좋아 나도 죽을 만큼 여기에 없으니까"라고 눈을 맞추지 않은 채 함께 노래한다. 그들은 서로의 부재를 사랑하고 있다.

인간이란 다면체라서

고래를 보호한 손으로

화장실 벽에 싫어하는 여자의 전화번호와 함께

'2000엔이면 해주는 여자'라고 적네

그것도 나름 재미가 있을지 모르지만

적어도 사랑 정도는 깨끗하게

깨끗하게 해내도록 해요.[*]

타인을 사랑하면서 타인을 귀찮게 여기는 나 역시 그 나름 재미가 있을까. 참고로 극의 조연인 가스미와 마키시는 그 뒤 만나지도 못하고 허무하게 죽어버린다.

* 松尾 スズキ, 『キレイ』 白水社 2000. ─지은이 주

종종 듣는 말이 있다. 초등학생들과 철학 대화라니 좋겠네요, 아이들은 본질적인 걸 말하죠, 아이들은 순수하고 훌륭해요.

확실히 그들은 훌륭하고, 대단하고, 철학자다. 틀림없는 사실이다.

그렇지만 아이들은 별로 순진무구하지 않다. 본질적인 걸 항상 말하지는 않는다. 엉뚱한 것도 말하고, 틀린 것도 말한다.

그들은 분명히 무지하고, 몽매하고, 거만하고, 짓궂고, 교활하고, 허세를 부린다.

아이들의 그런 면을 볼 때마다 웃음이 나온다. 아아, 우리는 인간이구나, 다면체구나, 어쩔 수 없구나. 그래서 철학 대화만큼은 깨끗하게 해내자고, 그게 안 되면 서로를 전면적으로 받아들이지 않아도 되니까 나도 너도 다면체라는 걸 이해하자고 생각한다. 아니, 맨 먼저 그걸 이해하는 것이 철학 대화인지도 모른다.

상처 입은 연인 앞에서 파스타가 식을 것부터 생각한 광고 속 남성도, 윤리학 논문을 쓴 직후에 처음 보는 사람을 저주한 나도, 활기차게 철학을 하면서 허세 부리고 때로 교활하게 구는 초등학생도, 모두 손바닥만 하다. 그러니 어린이든 어른이든, 모두 다면체인 것이다.

철학 대화에서는 친구의 고민을 전화로 들으며 동시에 수업

계획서를 작성한 적이 있다고 하면 틀림없이 누군가가 "왜요? 더 말해줘요!"라고 예전의 선생님처럼 물어봐줄 것이다. 그리고 다 같이 생각해줄 것이다.

그런데 그때 나와 통화한 친구도 이 이야기를 들으면 '왜?'라고 물어볼지 모르겠다.

저기, 너는 정말 좋아하고 소중한 사람이지만, 계획서가….
"어, 왜?"
그 인간이란 뭐라더라… 고래를 보호한 손으로 그걸… 그래서 다면체고…
"아니, 내가 물어본 건 '왜?'야."

아아아, 죄송해요.

;

왜 그런 게
궁금한가요?

놀이터의 모래판을 좋아한다.

모래판은 대도시에 갑자기 출현한 작은 사막이다.

미끄럼틀, 그네, 철봉 등 놀이터의 다른 놀이 기구들이 '동적'인 것에 비해 모래터는 고요하고 편안한 분위기를 풍겨서 좋다. '좋아, 그럼 놀이터에 인공적으로 모래를 깔아볼까!' 이렇게 처음 생각해낸 사람은 굉장하다. 적당히 구멍을 파고 거기에 모래를 넣으면 돼요! 그러면 모래사장에 가지 않아도 모래놀이를 할 수 있어요! 높으신 분들께 프레젠테이션을 하는 모습을 상상한다. 높으신 분이 그럼 작은 바다를 만들면 되지 않느냐고 말한다. 그러자 발표하는 사람이 아니라고, 중요한 건 모래라고 답한다. 정말 고마워요. 모래터의 발안자.

나는 지금도 모래터에 매료되어 있지만, 유치원생 시절에는 매일 모래터에 있었다. 모래터라는 존재의 신비성에 완전히 포로가 되었던 것이다. 하지만 그때는 모래로 소꿉장난을 하거나 성을 만드는 것에 전혀 흥미가 없었다. 내 목적은 오직 하나, 모래를 계속 파는 것이었다. 왜냐하면, 모래터에 바닥이 있는지 알고 싶었기 때문이다.

나는 한눈팔지 않고 매일매일 구멍을 팠다. 하지만 바닥에 다다를 수는 없었다. 어째서인지 열심히 판 구멍이 이튿날 유치원에 가면 없어져 있었기 때문이다.

나는 모래터의 무한성에 더욱 매료되었다. 모래는 살아 있다고 생각했다. 모래가 무한하게 솟아나는지도 모른다고 경외심을 품었다.

친구들은 활기차게 그네나 철봉에서 몸을 움직였다. "레이도 같이 놀자."라고 나도 불러주었다. 하지만 나는 유치원에 가는 걸 "일하러 가."라고 말했다. 즉, 내게 모래터를 파는 건 일이었다. '나는 노는 게 아냐. 다음에 놀자, 미안.' 이렇게 생각했다.

그런 나와 유일하게 가끔 어울려준 친구는 게이코였다. 아마 같은 목적을 공유했다고 해야겠다. 유치원 졸업앨범을 보면 나와 게이코가 말없이 모래를 파는 모습이 남아 있다.

수십 년 후, 모래터를 함께 파던 게이코는 의사가 되었고 나는 철학 연구자가 되었다.

철학 연구자가 된 덕에 작년에는 도쿄대학교의 축제에서 하는 '대화하는 철학자의 인생 상담'이라는 기획에 초청을 받았다.

그 기획의 내용은 일반인을 대상으로 '철학자에게 묻고 싶은 질문'이라는 설문 조사를 하고 그들의 질문에 '철학인'으로서 답하는 것이었다. 축제 당일에는 '철학인'들의 답을 전시한다고 했다.

내가 답해야 하는 질문은 두 개였다.

- 내가 못하는 것에만 자꾸 눈이 가서 뭘 잘하는지 모르겠다. 어떡하면 좋을까?
- 주위의 영향에 휘둘려 나 자신이 보이지 않고, 노력이 지나쳐서 지쳐버렸어요. 어떻게 해야 할까요?

800~1000자에 맞춰 답을 써달라고 했기에 툭하면 원고 분량을 넘치는 나는 적절하게 농담을 하면서도 A4 용지 한 장에 담기도록 답을 썼다.

전시를 보러 가지 못했던 나를 위해 축제 현장에 있었던 사람이 사진을 찍어서 나중에 보여주었다. 나도 아는 선배들과 교수님들의 이름이 줄지어 있었다. 다들 빽빽하게 자신의 생각을 적었는데, 그렇다고 해서 일방적으로 밀어붙이지는 않고 성실하게 질문에 답하려고 했다. 지나치게 성실해서 A4 한 장 이내라는 조건을 깨고 두 장에 걸쳐 답한 사람이 있어 웃음이 나왔다.

그러다 도쿄대학교 철학과의 가지타니 신지梶谷 真司 교수가 적은 답이 눈에 띄었다.

질문: 잘났다는 건 무엇일까?
답: 왜 그런 게 궁금한가요?

어?
'인생 상담'에 되묻기라니. 게다가 한 줄.
이상하다? 지금 연구실에서 직접 대화하는 건가. 이런 착각에 빠질 정도였다.
'답을 전시한다'는 일방적인 공간에서 '왜?'라고 물으며 쌍방적 커뮤니케이션을 시도하는 그 파격에 어질어질했다. 다시 보니 가지타니 교수님의 다른 답도 대부분 질문자에게 되묻는 것이었다.
그렇지만 그 답을 보면서 철학이란 이런 것이구나 통감했다. '질문하는 것'이야말로 철학 그 자체가 아닌가.

서둘러서 답을 내려고 하지 않고, 질문 자체에도 다시 질문을 붙여 되묻는다. 생각하면 할수록 점점 알 수 없는 것이 늘어난다. 그리고 그 알 수 없는 것에 다시 질문을 던진다. 그 과정에서 우리는 자신이 지니고 있던 확고한 '전제'가 무너지는 걸 느낀다. 자명한 줄 알았던 것이 점점 부드럽게 무너진다.

이런 말을 하면 "어, 그러면 철학은 영원히 답에 도달할 수 없잖아요."라며 싫어한다. 모르는 게 계속 늘어날 뿐 아니냐고.

생각하다 보면, 어두컴컴해서 아무것도 보이지 않는 벼랑 아래를 내려다보는 듯한 기분이 들 때가 있다. 조금씩 벼랑을 내려가는 느낌은 들지만, 얼마나 더 가야 바닥에 도착할지, 애초에 바닥이 존재하는지 불안해지곤 한다.

그렇지만 '전제에 질문하기'는 결코 제자리걸음이 아니다.

오히려 생각할 대상을 명확하게 하려고 나아가는 것이다. 그게 앞인지, 뒤인지, 위인지, 아래인지는 모르지만.

여느 때처럼 홀로 유치원 모래터에서 구멍을 파던 날. 나도 구멍 속으로 반쯤 들어가 삽으로 40센티미터 정도 파고들었을 때였다. 모래 속으로 삽을 푹 집어넣었는데 뭔가 단단한 것에 부딪친 느낌이 팔에 전해졌다.

영원한 줄 알았던 모래터의 끝이었다.

역시 바닥이 있었구나.

과연 지금 하는 생각 끝에 도달할 바닥이 있을까 불안할 때, 나는 모래터에서 느낀 뚜렷하고 단단한 감촉을 떠올린다. 그렇게 조금 용기를 북돋워본다.

;

마
치
며

아직 크리스마스가 한참 남은 7월이지만, 욕심이 없다.

오래전부터 선물로 뭘 원하냐는 물음에 아무것도 생각해내지 못하는 아이였다. 꽤 고민했을 우리 집의 산타클로스는 초등학교 1학년에게 대담한 해석과 연주로 유명한 글렌 굴드의 피아노 연주 CD를 선물했다. 나는 등을 구부리고 콧노래를 흥얼거리며 건반을 두드리는 캐나다인의 바흐 연주를 들으며 자랐다.

대학생이 되어서도 내 무욕은 변하지 않았고, 내게 무언가 선물하려는 사람들을 자주 고민하게 했다. 달콤한 디저트도 먹지 않고, 술도 마시지 않고, 액세서리도 하지 않는 내게 사람들은 모래시계나 불빛을 반짝이며 앞으로 나아가는 깡통 장난감이나 숫자 퍼즐이나 내가 좋아하는 프랜차이즈 식당의 쿠폰 등을 주었다.

그렇지만 책만은 예외였다. 지금도 서점의 냄새만 맡으면 즐거워서 평정심을 잃어버린다. 산소 결핍 상태에 빠지면서도 서점을 무시무시한 속도로 몇 바퀴씩 둘러보면서 그저 책을 무한하게 소유하는 것을 꿈꾼다.

갖고 싶었던 책을 손에 넣으면 쾌감이 너무 커서 일부러 대충 읽는다. 별다른 맛도 나지 않는 스낵처럼 아작아작 소비해버리는 것이다. 신중하게 한 장씩 음미하며 읽고 싶건만, 거친 호흡으로 횡단보도나 전철역의 벤치 등에서 허둥지둥 읽어버린다. 집에 가는 전철에서 새로 구입한 CD의 비닐을 헐레벌떡 뜯어버리는 사람 같다.

아무튼 나는 항상 독자였고, 내가 좋은 독자이길 바라왔다. 내게 특별히 표현하고 싶은 건 없었다. 그저 수많은 책을 소유하고, 밥 먹듯이 읽고, 그 여운에 취하고 싶었다.

그렇지만 어느 날 문득 수업을 기록하기 위해 쓴 글이 몇 사람에게 읽혔고, 그렇게 나는 정말 조촐한 '글쓴이'가 되었다. 여전히 다른 모든 면에는 욕심이 없지만, 좋은 독자이고 싶다는 욕구는 메마르지 않았다. 그에 더해 어차피 글을 쓴다면 누군가 우후후, 하고 웃을 만한 것을 쓰고 싶다는 욕망도 생기기 시작했다. 내 문장은 이해하기 어렵고, 정돈되지 않았고, 나 스스로도 뭘 말하고 싶은 건지 알 수 없는 경우가 있지만, 두 손으로

셀 수 있는 사람들의 마음에는 틀림없이 가닿았다. 정말로, 진심으로, 나는 그것만으로도 넘칠 만큼 충분했다.

그런데도 나는 왜 쓰는 걸까 이따금 생각한다.

무서운 건지도 모르겠다. 당신과 철학을 했던 그 모호한 시간이. 물속 깊이 가라앉아 머릿속으로 몇 번이나 공중제비를 하는 듯하던 마음가짐이. 이리저리 흔들리는 발밑의 감각이 사라져버리는 것이. 전철 안에서 건물 틈새로 불과 몇 초 동안 강한 햇빛이 들이치듯이 세계가 내게 모습을 드러냈던 그 순간을 잊어버리는 것이. 그런 것들을 글로 남기고 어딘가에 보존해서 생존시키려는 욕망이 내게는 분명히 있다. 그러니 욕심이 없다는 건 역시 거짓말이고, 실은 대단히 탐욕스럽다. 내가 그렇다는 걸 글을 쓰면서 비로소 깨달았다.

이 우스운 욕망이 책이 되도록 뒷받침해준 모든 분들. 2016년 블로그에 첫 글을 쓴 이래 몇 달에 한 번씩 느긋한 속도로 생각날 때마다 새 글을 올렸는데, 그럼에도 불구하고 '헤어 카탈로그.jpHAIR CATALOG.JP'에 '손바닥 크기의 철학'이라는 연재를 제안해준 가야노 쓰구토 씨. 헤어스타일에 관한 글들이 가득한 웹사이트에 당연하다는 듯이 '철학'이라는 분류로 칼럼 코너를 준비해주었습니다. 그리고 '쇼분샤 스크랩북'에서 '물속의 철학자들'을 연재할 수 있게 해준 안도 아키라 씨. 두 분 모두 물속 깊은 바다의 바위틈에 숨어 웅크리고 있던 나를 발견해주었습니다. 정말 감사드립니다.

이 책이 만들어지기까지, 편집을 맡아준 안도 씨는 물론 직접 만나보지 못한 분들까지 얼마나 많은 사람들이 관여하고 도와주었을까 상상해봅니다. 모든 분들에게 이 지면을 빌려 진심으로 깊이 감사드립니다. 쇼분샤라는 최고의 출판사에서 책을 낼 수 있었던 것은 제 인생에서 가장 큰 자랑거리입니다.

못 써, 못 써, 하며 몸부림치고 쓰러지는 제가 어이없어도 웃어준 친구, 선배, 교수님, 가족, 모두 감사합니다. 집에 가다가 불현듯 "그러고 보니까 연재 읽었어요."라고 말해준 당신이 있었기에 계속 쓸 수 있었습니다.

마지막으로 이 책을 펼쳐준 당신께도 정말로 감사드립니다. 질문을 통해서 당신에게 말을 걸기 위해 이 책을 썼습니다.

이 엉망진창인 세계에서 계속 생각하기 위해, 부디, 계속 생각하죠.

2021년 7월
나가이 레이

| 초출 |

1 물속의 철학자들
    '쇼분샤 스크랩북' http://s-scrap.com/

2 손바닥 크기의 철학
    '헤어 카탈로그.jp' http://www.haircatalog.jp/

3 네, 철학과 연구실입니다
    블로그 '네, 철학과 연구실입니다' https://nagairei.hateblo.jp/

물속의 철학자들

일상에 흘러넘치는 철학에 대하여

초판 1쇄 발행 2022년 10월 31일

초판 2쇄 발행 2024년 6월 11일

지은이 나가이 레이

옮긴이 김영현

펴낸이 김효근

책임편집 김남희

펴낸곳 다다서재

등록 제2023-000115호(2019년 4월 29일)

전화 031-923-7414

팩스 031-919-7414

메일 book@dadalibro.com

인스타그램 @dada_libro

한국어판 ⓒ 다다서재 2022

ISBN 979-11-91716-17-7 03100